리더여, 코끼리 말뚝을 뽑아라

□ 30일 만에 배우는 자신감 넘치는 리더십 □

리더여!
코끼리 말뚝을 뽑아라

밥 빌 지음
김낙환 옮김

멘토

LEADING With Confidence

Bobb Biehl

Korean Copyright ⓒ 2006 by Mentor Publishing House
Translated and Published by Permission
Printed in KOREA

Originally published in the U.S.A. under the title
LEADING With Confidence
Copyright ⓒ 2005 by Bobb Biehl
Published by Aylen Publishing
Masterplanning Group International
Mount Dora, FL 32756

리더여! 코끼리 말뚝을 뽑아라

펴낸날 2006년 7월 10일 초판 1쇄 발행
지은이 밥 빌
옮긴이 김낙환
펴낸이 박동주
펴낸곳 도서출판 멘토
등록 1997년 11월 25일 제12-219호
주소 서울 강서구 화곡8동 398-4호
전화 2608-0797 팩스 2608-0798
e-mail : mentorpub@paran.com

Copyright ⓒ 멘토 2006
ISBN 89-88152-40-9 (03320)

● 차 례 ●

contents
코끼리 말뚝_ 7
들어가는 글_ 11

1. 질문하기_ 17
2. 매력_ 31
3. 균형_ 41
4. 변화_ 51
5. 의사 소통_ 61
6. 자신감_ 71
7. 창조성_ 79
8. 의사 결정_ 89
9. 위임_ 99
10. 좌절감_ 107
11. 훈련_ 115
12. 희망_ 123
13. 실패_ 131
14. 피로_ 139
15. 해고_ 147

16. 목표 설정_ 155
17. 영향력_ 165
18. 종합 계획_ 171
19. 돈_ 177
20. 자신에게 동기를 부여함_ 183
21. 타인에게 동기를 부여함_ 189
22. 사람 세우기_ 197
23. 개인의 조직화_ 207
24. 압박_ 215
25. 우선순위_ 223
26. 문제 해결_ 231
27. 사원 모집_ 237
28. 보고_ 243
29. 위험 감수_ 251
30. 팀 세우기_ 257

contents
결론_ 263

ELEPHANT STAKES

코끼리 말뚝

서커스단 합류! 어린 시절에 누구나 한 번쯤 꿈꾸는 이 특권을 누릴 수 있는 기회가 나에게도 찾아왔다.

어느 금요일 밤, 전화 벨 소리에 잠에서 깼다. 전화를 건 사람은 내 친구인, 할리우드 프리페이퍼(Free Paper, 무료로 배포되는 신문)의 설립자이자 편집자인 듀아네 페더슨이었다.

그는 전화로 내 의견을 물었다.

"내일 나와 함께 투손에 가겠나?"

"투손? 투손에 무슨 볼 일이 있나?"

나는 잠결에 중얼거렸다.

그는 '스타들의 서커스단(Circus of Stars)'에서 일하는 우리 친구 보비 여키스에 대하여 이야기했다. 그 친구가 투손에서 서커스 공연을 준비하고 있다는 것이었다.

"그냥 일상을 피해서 그 곳에 가고 싶어. 그와 함께 서커스단에서 잠시 일하고 싶은 거야. 거기서 천막의 버팀목을 옮기고, 거미줄도 치우고, 오랜 친구와 좋은 시간을 갖게 될 거야. 늦어도 다음날 저녁 열 시까지는 다시 돌아오게 될걸세."

그의 말을 들으니 얼른 그 곳에 가고 싶었다.

다음날 아침 일찍 서둘러서 우리는 로스앤젤레스에서 투손으로 가는 비행기를 탔다. 서커스 공연을 위해 천막을 쳐놓은 그 곳의 날씨는 매우 더웠다. 먼지도 많았고, 바람도 많이 불었다.

우리는 천막의 버팀목을 우리가 할 수 있는 만큼 천막 입구까지 옮기는 일을 했다. 힘든 일을 많이 해보지 않았기 때문에 피곤하고 배가 고팠다.

잠시 쉴 때 나는 그 곳에서 일하는 어떤 사람과 담소를 나누었다. 그 사람은 할리우드 영화에 출연할 동물을 훈련시키고 있었다.

"내가 보니 어린 코끼리를 맬 때 사용한 것과 똑같은 말뚝을 7톤이나 나가는 큰 코끼리에게도 같이 사용하더군요. 이런 일이 어떻게 가능하지요?"

사실 어린 코끼리의 몸무게도 130킬로그램 정도 나간다. 그는 이렇게 대답했다.

"두 가지 사실만 알고 있으면 그것은 어려운 일이 아닙니다. 코끼리는 정말로 기억력이 좋습니다. 그러나 그다지 영리하지는 않습니다. 코끼리가 어릴 때 우리는 코끼리를 말뚝에 맵니다. 어린 코끼리는 자신이 도망칠 수 없다는 사실을 알게 될 때까지 수천 번도 넘게 자신을 묶고 있는 줄을 당깁니다. 그러는 동안 그는 '코끼리의 기억'을 뛰어넘게 됩니다. 이제 그들은 살아 있는 동안은 이 말뚝에서 벗어날 수 없다는 것을 기억하게 되는 것입니다."

인간도 때때로 코끼리와 같은 생각을 할 때가 있다. 나는 많은 경영자가 자신도 청소년 시절에 사람들에게 들었던 말을 다른 사람에게 하는 것을 듣는다.

"너는 지도자가 될 수 없어."

"너는 왜 그렇게 느리니?"

"너는 전체를 생각하지 못하는구나."

"너는 사람들과 일하는 법(또는 돈, 숫자들)을 모르는구나."

"너는 의사 소통을 잘하지 못하는구나."

"너는 왜 말귀를 못 알아듣니?"

청소년 시절에 듣는 이러한 말은 아주 빨리 사람을 좌절시키고 쓰러뜨리는 치명적인 공격이 된다. 이러한 말들은 우리의 마음을 말뚝에 매어 버린다. 어른이 된 후에도 때때로 이처럼 정확하지 못한 한 마디의 말로 인해서 우리의 능력을 말뚝에 매게 되는 것이다.

이 책을 읽으며 과거에 당신을 묶어놓은 말뚝을 뽑아낼 수 있기를 바란다. 당신의 생각보다 당신에게는 더 많은 능력이 있다. 열두 달 전의 당신보다 현재의 당신은 더욱 성숙했고, 더 많은 능력이 있다. 내년쯤에는 당신이 올해에 할 수 없던 일들도 할 수 있게 될 것이다.

그러므로 이제 말뚝을 뽑아내자. 그리고 자신감 넘치는 리더십의 세계로 나와 같이 나가자.

INTRODUCTION

들어가는 글

　지난 10년 간 나는 국제 마스터플랜 그룹(Masterplanning Group International)의 회장으로 큰 교회의 담임 목사, 100여 명이 넘는 법인 공동체의 회장, 비영리 단체의 지도자들과 함께 일을 해왔다. 현재는 1,000여 명이 넘는 회사의 중역과 행정 책임자, 여러 분야의 최고 경영자들과 더불어 일을 하고 있다. 그들과 함께 일할 때 나는 끊임없이 나 자신에게 질문을 던졌다.
　"이 세상의 뛰어난 지도자들이 공통적으로 가지고 있는 강점은 무엇인가?"
　물론 천부적인 지도자는 이 분야 또는 저 분야에서 독특한 강점을 지닐 수 있다. 그러나 내가 묻는 것은 나와 함께 일해 온 모든 능력 있는 지도자들에게서 발견할 수 있는 공통적인 요소는 무엇인가 하는 것이다.

끊임없는 탐구의 결과, 서른 가지 답변을 규명하게 되었다. 다시 말하면 지도자가 지닌 서른 가지의 공통 요소다. 그것은 다시 리더십의 범위에서 네 가지의 서로 다른 형태로 분류된다.

1. 다음의 것들을 효율적으로 다루는 기술이 있는 지도자
   - 변화(Change)
   - 피로(Fatigue)
   - 좌절감(Depression)
   - 압박(Pressure)
   - 실패(Failure)

2. 성장과 성숙의 관점
   - 매력(Attractiveness)
   - 창조성(Creativity)
   - 균형(Balance)
   - 훈련(Discipline)
   - 자신감(Confidence)
   - 자신에게 동기 부여(Self-Motivation)

3. 함께 일하는 동료를 직접 책임져야 할 경우에 필요한 기술
   - 질문하기(Asking Questions)
   - 돈 다루기(Handling Money)
   - 의사 소통(Communication)
   - 의사 결정(Decision Making)
   - 우선순위(Prioritizing)
   - 문제 해결(Problem Solving)
   - 희망(Dreaming)
   - 목표 설정(Goal Setting)
   - 위험 감수(Risk Taking)
   - 영향력(Influencing)
   - 개인의 조직화(Personal Organization)

4. 함께 일하는 동료와 규칙적으로, 직접적으로 일하게 될 경우에 지도자로서 필요한 기술
   - 위임(Delegating)
   - 사람 세우기(People Building)
   - 해고(Firing)
   - 사원 모집(Recruiting)
   - 보고(Reporting)
   - 팀 세우기(Team Building)
   - 타인에게 동기 부여(Motivating Others)
   - 종합 계획(Masterplanning)

이 모든 것이 서른 가지 리더십의 관점에 포함되어 있다. 이러한 다양한 요구는 때때로 이해하기 어렵고 다루기도 쉽지 않다. 그러나 나는 이것이 리더십의 핵심을 반영한 것이라고 믿는다. 각각의 요소는 이 책에서 하나의 단원으로 다루어지게 될 것이다.

리더십이란 무엇인가? 만약 리더십이라는 단어를 정의하기 위하여 50명의 사람들에게 물어 본다면 당신은 아마도 마흔아홉 가지의 각기 다른 대답을 얻게 될 것이라고 나는 확신한다.

약 10여 년 전에, 나는 우리 팀 전체가 계속적으로 사용할 수 있는 리더십의 간결한 정의를 갖는 것이 대단히 중요한 일이라는 것을 깨달았다. 그래서 몇 시간 동안 꼼짝 않고 앉아서 간결하고도 분명하면서 가장 포괄적인 리더십의 정의를 얻기 위해 애쓴 일이 있다. 10여 년이 지난 오늘날까지도 이 정의를 사용하고 있는데, 아직까지 이 정의가 적용되지 않는 리더십의 상황을 발견하지 못했다.

> **리더십이란?**
>
> - 다음에 **무엇**을 해야 하는가를 아는 것이다.
> - 그것이 **왜** 중요한지 이유를 아는 것이다.
> - 필요한 경우에 관계있는 적절한 자료를 **어떻게** 빠른 시간 안에 가져올 있는지를 아는 것이다.

어떤 그룹이든 이러한 질문에 대답하는 사람이 나타난다면, 그 사람은 자신의 공식적인 위치에 관계없이(약속에 의한 것이든, 선거로 당선된 것이든, 유산으로 물려받은 자리든 관계없이) 그 그룹의 지도자로 세워지게 될 것이다.

이 책이 당신에게 평생 동안 필요한 자원이 되기를 희망한다. 지도자로서 어떤 문제를 다루게 될 때, 어려운 결정을 해야 할 때, 어려운 대화를 풀어 나가야 할 때 언제든지 이 책을 집어들고 이 책의 내용 가운데 특별히 필요한 부분을 펼칠 수 있기를 바란다.

이 책은 지도자로서 당신이 다음에는 무엇을 해야 하며, 왜 해야 하며, 다른 사람에게 가능한 자원은 무엇인가 하는 것을 가르쳐 줄 것이다.

좀더 쉽게 참고할 수 있도록 각 단원은 다섯에서 열 가지의 제목을 붙여 구성했다. 그리고 각 질문은 그 단원의 주제를 이해하도록 도울 것이다. 예를 들어 어려운 문제에 직면했을 때 '26. 문제 해결' 편을 펼쳐 바르게 묻기를 시작한다면 당신의 생각 속에 잠재되어 있는 해결책이 떠오를 것이다. 위험한 일을 분석하게 될 때는 '29. 위험 감수'를 펼쳐 바르게 질문하라. 위험에 관한 당신의 관점이 분명해질 것이다. 단순하게 그렇게 하라!

   이러한 질문을 스스로에게 하고 분명한 답을 얻는 것은, 당신을 사람들 앞에서 자신감 넘치는 지도자로 세우게 할 것이다.

   자신에게 많은 질문을 다양하게 할 수 있다면 그 질문에 대하여 풍요로운 답변을 얻게 될 것이다. 질문이 피상적이면 대답도 피상적이 된다. 질문이 없으면 당연히 대답도 없다.

   계속해서 진행해 가기 전에 다음에 소개하는 리더십 평가서를 보면서 휴식을 갖기를 바란다. 당신은 어디에 속하는가?

개인적인 리더십 평가표
리더십의 분야

평가	능숙함과 전문성	민첩성과 민감한 응답	결정과 조정	융통성과 적응력	의사 소통 능력
★★★★★ 필요조건을 충족시키는 데 아주 탁월하다.	단 한 번의 도약으로 큰 빌딩을 뛰어넘는다.	날아가는 총알보다 빠르다.	기관차보다 강하다.	물위를 걷는다.	왕과 대화한다.
★★★★ 필요조건을 충족시키는 데 탁월하다.	뛰면서 출발하면 큰 건물을 뛰어넘는다.	날아가는 총알처럼 빠르다.	코끼리처럼 강하다.	물위에 머리를 내놓고 있다.	위정자와 대화한다.
★★★ 필요조건을 충족시키는 데 적절하다.	자극이 있으면 작은 빌딩을 뛰어넘을 수 있다.	서서히 날아가는 총알과 같다.	거의 황소와 같은 수준이다.	물로 닦는다.	자신과 대화한다.
★★ 필요조건을 충족시키는 데 개선이 필요하다.	빌딩에 충돌한다.	자주 오발한다.	황소를 쏜다.	물을 마신다.	자신과 논쟁한다.
★ 필요조건을 충족시키는 데 조금도 적절하지 않다.	빌딩이 있는 것을 알지 못한다.	총을 다루다가 자신이 다친다.	황소처럼 냄새를 맡는다.	위급한 상황에서 물을 다른 이에게 준다.	자신과의 논쟁을 잊어 버린다.

ASKING QUESTIONS

I

질문하기

20여 년 전 나는 질문하는 습관을 가져야겠다고 결심했다. 그래서 마치 사람들이 우표를 모으고 골동품을 수집하는 것처럼 질문을 수집하기 시작했다. 결과적으로 이 단원의 주제는 내가 좋아하는 것들 가운데 하나다.

당신도 나처럼 질문을 하고 모으는 것을 평생의 취미로 삼게 되기를 바란다. 질문은 지식을 습득하고 이해하는 데 가장 필수적인 것이기 때문이다.

당신과 내가 햇살이 가득한 어느 따뜻한 봄날, 공원의 의자에 앉아 어떤 상황이나 문제나 위험에 대하여(생각해 봐야 할 것이든, 분석하려는 것이든, 전망이 필요한 것이든) 한 시간 정도 대화를 나누게 되었다고 가정해 보자. 당신이 상의하려고 하는 하나의 상황은 무엇인가?

마음속에 분명한 초점을 맞추고, 내가 당신을 도우려고 하는 질문을 시작해 보자.

무엇을? 왜? 언제? 누가? 어떻게? 어디에서? 얼마나 많이?

루디야드 키플링은 육하원칙(누가, 언제, 어디서, 무엇을, 어떻게, 왜)을 '믿을 만한 여섯 친구'라고 불렀다. 신문 기자로서, 또한 글을 쓰는 사람으로서 리더십의 관점에서보다는 신문 기자의 관점에서 말한 것이다. 그러나 그의 질문은 우리에게 많은 도움이 된다. 다른 상황에서 이러한 질문을 함으로써 원하는 것을 얻을 수 있다.

'무엇'으로 시작해 보자. 오늘 하루 동안 당신이 생각하기를 원하는 상황이 무엇인지 하나의 문장으로 진술할 수 있는가?

그렇게 생각하는 것이 '왜' 좋은가? 왜 그것이 중요한가? 이 상황이 왜 그렇게 발전했는가?

그것은 '언제'부터 일어나기 시작했는가? 그것을 언제 해결할 것인가? 또 언제 다룰 것인가? 그러한 변화가 언제쯤 필요한가?

'누가' 그 일에 포함된 중요한 사람인가? 그러한 상황의 원인은 누구인가? 그 일에 연루된 사람은 누구인가? 그것의 혜택을 보는 사람은 누구인가? 가장 특혜를 보는 사람은 누구인가? 그것에 가장 힘을 쓸 사람은 누구인가? 누가 가장 영향을 받게 될 것인가?

그것을 '어떻게' 변화시킬 것인가? 어떻게 하면 그것을 특별하게 만들 것인가? 어떻게 그것을 성취하기 위한 적절한 자원을 공급할 것인가?

이 중요한 일을 할 수 있는 공간이나 장소는 '어디' 인가? 그것을 하는 데 중요한 곳은 어느 도시인가? 아니면 다른 어느 지역인가? 당신의 집인가? 아니면 나의 집인가? 그것을 어디에서 할 것인가? 그 상황에서 무엇을 할 것인가를 생각할 때마다 그것을 '어디' 에서 할 것인가를 고려해야 한다.

항상 잊지 말고 추가해야 하는 또다른 중요한 질문이 있다. '얼마나 많이' 가 그것이다. 이 상황을 바로잡는 데 얼마나 많은 노력을 해야 하는가? 비용은 얼마나 많이 드는가? 시간은 얼마나 많이 걸리는가? 에너지는 얼마나 많이 소모되는가? 얼마나 많은 자원이 필요한가?

이러한 질문들을 생각하지 않고 어떤 상황을 효율적으로 처리하는 것은 불가능하다. 단지 어려운 일이 아니라 실제로 불가능한 일이다. 당신은 반드시 이러한 질문들을 해야 한다. 무엇을? 왜? 언제? 누가? 어떻게? 어디에서? 얼마나 많이?

이러한 질문들을 잘하는 것은 당신의 삶 가운데 시간이든 장소든 그 어떤 것이라도 더 나아지는 원인이 된다.

무엇과 비교되는가?

질문과 관련하여 두 번째로 당신이 고려해야 할 것은 '무엇과 비교되는가?' 하는 것이다. 일의 경위나 상황, 배경을 고려하지 않은 의견은 어떤 것도 의미가 없다. 그러므로 당신이 다루어야 할 상황의 경위가 어떠한가를 생각해야 한다. 무엇과 비교되는가? 그것과 같은 다른 상황은 무엇인가? 전에 경험한 그것과 비슷한 일은 무엇인가? 사실이 무엇인가? 당신의 삶의 다른 부분에서 이러한 사실들은 무엇과 비교되는가?

같은 일을 하면서 한 시간에 6달러를 버는 사람이 있다는 사실을 몰랐을 때는 5달러를 버는 것만으로도 행복할 수 있다. 그러나 6달러를 받는 사람이 있다는 사실을 알고 난 후에는 자신의 상태를 평가하는 데 다른 상황을 생각하게 된다.

한 번은 한 수석 경영자가 내게 이렇게 말했다.

"밥(Bob), 이 달에 적자가 5만 달러나 된다네."

그는 자신의 말에 내 얼굴이 창백해지기를 기대했던 것 같다. 그러나 나는 얼굴이 창백해지는 대신 그에게 조용히 물어 보았다.

"무엇과 비교해서 그렇단 말인가?"

그는 대답했다.

"무엇과 비교해서 그렇다니? 그게 무슨 의미인가? 우리는 이 달에 5만 달러의 적자를 보았단 말일세."

"글쎄, 무엇과 비교해서 그렇다는 말인가? 만약 10만 달러의 적자를 예상했다면 현재의 결과는 엄청나게 좋은 것이네. 만약 계획서에 5만 달러 적자 예상이라고 씌어 있다면, 딱 맞는 결과라고 하겠지. 하지만 10만 달러의 흑자가 기대치라면 지금 심각한 문제에 봉착했다고 할 수 있네. 그러니 무엇과 비교해서 그렇단 말인가?"

그가 대답했다.

"계획서에는 적자가 4만 6,000달러로 적혀 있군."

나는 말했다.

"그렇다면 문제없네. 달리 할 말이 있는가?"

상황의 관점에서 얻게 되는 것을 통하여 당신도 편안하게 될 수 있을 것이다. 당신이 오늘 다루어야 하는 상황의 관점은 무엇인가? 좀더 넓은 그림은 무엇인가?

예를 들어 지금부터 10년 뒤에는 이 상황으로 인해 무엇이 달라질 것인가? 다른 말로 하면 시간의 상황은 무엇이며, 시간은 그것에 어떻게 영향을 줄 것인가?

당신의 돈의 상황은 무엇인가? 문제를 바로잡기 위해서 얼마의 비용이 드는가? 그리고 그것은 올해 당신의 모든 수입에 비교하여 어느 정도의 비용인가? 또는 당신 생애 전체의 수입에 비하여 어느 정도되는 비용인가?

잃어버린 것은 무엇인가?

질문의 세 번째 요점은 '잃어버린 무엇'에 초점을 맞춘다. 솔직히 말해서 오늘날의 교육 제도는 이 풍요로운 질문을 가르치는 것을 잃어버렸다고 생각한다. 그러나 가르치는 것을 잃어버린 대신 우리가 아는 것에 대하여 비판하도록 인도한다.

당신이 상황을 분명하게 이해하는 데 잃어버린 정보가 어떤 어려움을 주는가? 그것을 더 분명하게 이해하도록 돕는 어떤 사실을 수집하는 것이 필요한가?

이러한 것들은 기억하기 위하여 스스로에게 물어 보는 매우 어려운 질문 가운데 하나지만, 솔직히 말해서 바로 이것이 풀리지 않는 문제들을 위한 해결책이다.

혼란스러운 상황을 접하게 되었을 때 간단하게 물어 보라.
"잃어버린 것은 무엇인가?"
이 질문은 중요한 돌파구가 될 것이다.

이 상황에서 무엇이 이상적인가?

거듭해서 사용하게 될 또다른 질문은 '무엇이 이상적인가?' 하는 것이다. 이것은 실제적으로 '이상적인' 질문으로, 거의 모든 것에 적합하다고 할 수 있다.

상황 속에서 다루어야 할 것은 다음과 같다. 무엇이 이상적인 해결책인가? 만약 이상적인 방법으로 모든 사람이 포함된 행위를 했다면 어떤 결과가 나올까? 이상적인 비용은? 이상적인 장비의 양은? 이상적인 시설은? 모든 것이 이상적이라는 것은? 이상적으로, 지금 없는 것 가운데 무엇을 갖는 것이 가장 이상적인가? 얼마를 지불하는 것이 가장 적절한가?

이상적인 것을 찾기 위하여 어떤 상태에 만족하지 말고 계속 노력하라. 항상 마음속에 불만족한 마음을 조금은 남겨두어야 하는데, 이러한 생각이 있어야 이상적인 것에 도달할 수 있다.

이상적인 것을 깨닫기 전까지는 당신이 처해 있는 곳과 가려고 하는 곳, 또는 갈 수 있는 곳과의 거리를 정확하게 알지 못한다.

가까운 다섯 친구의 충고는 무엇인가?

당신이 가깝게 지내는 다섯 명의 친한 친구들에게 이러한 상황을 다루는 것을 도와달라고 요청한다면 그들은 어떠한 충고를 해주겠는가? 당신에게 필요한 관점에서 그들의 응답을 상상해 보라.

생각을 넓히는(브레인스토밍) 질문

1. 이 생각(또는 과업, 계획, 부서)의 핵심은 무엇인가? 한마디로 표현한다면? 또는 한 문단으로 표현한다면?
2. 이 일을 왜 하려고 하는가?
3. 이 아이디어와 관련하여 또는 우선적인 질서 안에서 가장 근본적인 가정(또는 진실이라고 믿어지는 것)들은 무엇인가?
4. 단 3분의 시간이 주어졌다면 이 일에서 내가 달성할 수 있는 것은 무엇인가? 주어진 시간이 3시간이라면? 3일이라면? 3년이라면? 무제한의 시간이 주어졌다면?
5. 10년이 지나면 이 아이디어는 어디에서 찾을 수 있을까? 15년 후에는? 25년? 50년? 100년? 500년 후에는?
6. 지금 일하고 있는 스태프가 절반으로 줄어든다면 어떤 변화가 일어날까? 한 사람 또는 두 사람의 특별 인원을 보충하면 무슨 일이 일어날까?
7. 현재 예산의 절반밖에 사용할 수 없다면 어떤 변화가 일어날까? 두 배라면? 예산 사용에 제한이 없다면?

8. 어떻게 하면 수입을 두 배로 늘리고 비용을 반으로 줄일 수 있을까?
9. 전체 아이디어 가운데 어떤 부분이 특별 자금을 받을 만한가?
10. 어떤 부분을 제거해야 하며, 정말로 잃어버려서는 안 되는 것은 어떤 부분인가?
11. 이 아이디어의 잠재력 가운데 무엇이 가장 낙관적인가?
12. 이 아이디어나 계획안의 잠재력 중에 당신이 깨달은 중요도의 순서에서 마음속에 간직하고 있어야 할 다섯 가지는 무엇인가?
13. 나의 가장 큰 강점은 무엇이며, 어떻게 그것을 극대화할 수 있을까?
14. 이미 시작되었다면 나는 무엇을 특별하게 할 수 있을까?
15. 이 아이디어가 100번째 시행되는 것이라면 무엇으로 내가 계획한 대로 성공적으로 시행할 수 있을까?

미련이 남아 있는 질문은 무엇인가?

'미련이 남아 있는 질문'이라는 의미는, 당신의 마음속에 굉장히 중요하게 느껴지는 것은 아니지만 마음 가운데 늘 남아 있는 질문을 말한다.

마지막으로 이 단원에서 이미 소개한 여러 가지 질문을 주의하여 살펴보기 바란다. 이 질문들은 당신의 생각을 자극할 것이며, 어려움을 주는 상황 가운데에서 새로운 관점을 가질 수 있도록 도울 것이다. 아직도 새로운 관점을 발견하지 못했다면 이러한 질문을 스스로에게 할 수 있도록 노력하라.

조언 : 당신은 지금 몇 가지 의심이 되는 심각한 인생의 문제로 인하여 공원 벤치에서 대화를 하고 있는 중이다. 만약에 그렇다면 저술가인 톰 스키너의 말을 전해 주고 싶다.
"나는 몇 가지 의심되는 것을 파악하려고 노력하며 긴 시간을 보냈다. 그러다가 문득 깨닫게 된 것이 있는데, 의심되는 것을 파악하기보다 내가 믿는 것을 파악하는 것이 더 낫다는 것이었다. 그 후로 나는 실제로 대답하기 어렵지만 회피할 수는 없는 질문을 받을 때 생기는 큰 고통에서 벗어날 수 있었다. 그리고 그것은 내게 커다란 평안을 가져다 주었다."

질문의 형태	기능	보기	이 유형의 질문을 어떻게 발전시킬까?	표준 유형의 질문
문제 해결 질문	해결이나 대답을 찾는 것	나와 결혼해 주시겠어요?	문제를 분명하게 규명하고, 문제의 상황에 맞게 질문하며, 가능한 해결을 찾아라.	무엇을? 왜? 언제? 누가? 어디서? 어떻게? 얼마나 많이?
가르치는 질문	새로운 영감을 누구에게 가르침	당신은 결혼의 유익함을 볼 수 있습니까?	가르침의 개념과 과정을 분명하게 이해하고, 체계적·합리적으로 질문하라.	다음은 무엇인가?
생각을 넓히는 질문	상황에 대한 새롭고 특별한 조명을 창조적으로 얻기 위하여	결혼을 한다는 것은 어떤 존재가 되는 것입니까?	정황 안에서의 상황을 상상하는 것은 실제와 다르다.	만약에 그렇다면?
수사학적 질문	한 곳을 강조하기 위하여	내가 그대를 얼마나 사랑하는지 헤아려 봅시다.	강조하기 위해서 하나의 진술을 취하고, 그것을 질문으로 고수하라.	____
설득형 질문	나의 관점을 받아들인 사람에게 확신을 주기 위하여	나와 결혼해 주시겠습니까? 아니면 영원히 혼란 가운데 혼자 살겠습니까?	가장 좋은 조망에서 나의 관점을 질문하라.	____

질문의 형태	기능	보기	이 유형의 질문을 어떻게 발전시킬까?	표준 유형의 질문
중심 찾기 질문	자기 반성 과정의 출발	나는 왜 결혼하려는 것일까?	"왜?"라는 말로 물어 보라.	왜? (계속해서 열 번)
논리를 확인하는 질문	불필요한 실수를 막기 위하여	결혼을 원하지 않는 정당한 이유가 있는가?	기본적인 진실과 이성, 가치, 헌신, 큰 관점을 질문하라.	무엇을? 왜? 언제? 누가? 어디에서? 어떻게? 얼마나 많이?
우선순위를 정하는 질문	가장 중요한 것 또는 순서를 정하기 위하여	세 명의 여인 가운데 누구와 결혼해야 하는가?	많은 가능성에서 가장 중요한 것을 찾으라. 선택을 요구하는 질문.	어느 것?
대화체 질문	시간을 보내기 위하여	톰과 슈가 결혼한다는 소식 들었어요?	같이 대화할 수 있는 주제를 택하고 질문의 형식으로 주제를 말하라.	무엇을? 왜? 언제? 누가? 어디에서? 어떻게? 얼마나 많이?
조사하는 질문	기초적인 자료를 모으기 위하여	당신은 결혼을 했습니까?	내가 필요한 것 또는 알기 원하는 것을 정하고 단순하게 정보를 요구하라.	무엇을? 왜? 언제? 누가? 어디에서? 어떻게? 얼마나 많이?

우선적으로 실행할 사항들

물어야 할 질문들

외관상으로 희미하거나 불가항력적인 출발을 할 때
- 올해에 세 가지 일만 할 수 있다면 그것들은 무엇인가?
- 이 세 가지 일들 가운데 어떤 일을 처음에 해야 하는가? 그 다음 차례는?
- 지금부터 50년 뒤에 현재를 돌아본다면 올해 내가 달성한 일 가운데 가장 중요한 것은 어떤 일이 될까?
- (마음속에서 염려되는 것들) 이 문제의 해결을 위하여 제1단계, 제2단계, 제3단계의 우선순위가 정해져 있는가?

우선적으로 소비하려고 결정할 때
- 예산의 50%를 절감하려고 했다면 어떤 부분을 삭감할 수 있을까?

당신이 찾으려 하거나 간직하려고 하는 자료가 결정되었을 때
- 반드시 해야 할 것은 무엇이며, 반드시 알아야 할 것은 무엇인가?

목표에 문제가 있을 때
- 이 상황에서 탐구할 수 있는 두세 개의 보고(寶庫)는 무엇이며, 이 계획이나 시안(試案)을 죽이는 것은 무엇인가?
- 일에서 가장 의사 소통이 안 되고 있는 부분 세 가지는 어떤 것인가?

- 확실한 해결을 찾을 수 있다면 수입의 10%라도 기쁘게 내놓을 수 있을 만큼 현재 당신이 가장 고민하고 있는 문제는 무엇인가?

성공적인 미래를 위하여 가장 핵심적인 인물을 만났을 때
- 지금부터 5년 뒤에 당신 자신을 어느 곳에서 볼 수 있을까?
- 당신의 목표를 이룰 때 직면하는 가장 큰 장애물은 무엇인가?

오랫동안 볼 수 없었던 친구를 만났을 때
- 친구와 마지막으로 만난 이후에 당신에게 일어난 가장 의미 있는 일은 무엇인가?

> ### 꼭 기억할 것!
>
> 미래에 당신의 마음을 분명하게 해야 할 일로 고민하게 되는 상황에 부딪힐 때마다 이 책을 들고 이 단원을 펴서 다음과 같은 근본적인 질문을 하라.
>
> - 무엇을? 왜? 언제? 누가? 어떻게? 어디에서? 얼마나 많이?
> - 무엇과 비교되는가?
> - 잃어버린 것은 무엇인가?
> - 이 상황에서 무엇이 이상적인가?
> - 가까운 다섯 친구의 충고는 무엇인가?
> - 미련이 남아 있는 질문은 무엇인가?
>
> 올바른 질문은 자신감 넘치는 리더십을 향상시키는 데 도움을 준다.

ATTRACTIVENESS

2
매력

당신은 원하는 것만큼 매력적인 사람인가?

"예"라고 대답할 수 있다면 당신은 아주 소수에 속한 사람이다. 이 단원은 그러한 사람을 위해 씌어진 것이 아니다. 아직 더 매력적인 사람이 되고 싶은 사람과 현재 자신이 원하는 만큼 덜 매력적이라고 느끼는 사람, 사람들에게 매력에 대해서 가르쳐 주기를 원하는 사람에게 이 단원을 읽으라고 권하고 싶다.

다른 사람이 보는 당신의 매력은 최소한 세 가지 요소가 혼합되어 있다고 할 수 있다.

1. 내적인 모습
2. 외적인 모습(이 점은 대부분의 미국인이 강조하는 것이다.)
3. 당신의 꿈

마음속에 이 요소들을 품고 스스로에게 다음과 같은 질문을 해보라.

내적인 모습

긍정적인가?

남자든 여자든 우울하거나 화가 났을 때 매력적인 사람을 본 일이 있는가? 물론 없을 것이다. 아마 아무도 없을 것이다.

특별히 긍정적인 태도와 더불어 나타나는 매력적인 모습은 문제에 부딪혔을 때 선택하는 관점에서 부각된다. 경영 책임자는 문제에 접근할 때 이렇게 말하는 직원에게 매력을 느낄 것이다.

"여기에 이런 문제점이 있다는 것은 분명하지만 몇 가지 해결 가능성도 있습니다."

자기 중심적인가 아니면 타인 중심적인가?

개학하는 첫날 아침, 나의 딸 킴벌리는 7학년(중학교 2학년) 학생의 전형적인 염려로 나를 공격했다.

"아빠, 저 어떻게 보여요? 제가 입은 새 옷이 저한테 어울리는 것 같아요? 제 헤어스타일은 어때요? 신발은 괜찮아 보여요? 이 벨트는 어때요? 이 지갑은 다른 것과 잘 어울리나요? ······."

딸의 질문은 계속될 것 같았다. 그래서 나는 딸을 붙들고 이야기를 했다.

"얘야, 잠깐만 여기에 앉아 보렴."

나는 일단 아이를 앉히고 물어 보았다.

"너는 지금 어떻게 느끼고 있니?"

"글쎄요, 아빠. 저는 …… 학교에 늦을 것 같아요. 그리고 …… 내가 어떻게 보이지요?"

"킴벌리, 지금 네가 어떻게 느끼고 있느냐는 말이다."

"저는 …… 저는 지금 긴장해 있어요. 그리고 사람들이 나와 같은 생각인지 그것이 궁금해요. 내가 사람들에게 바르게 보이는지도 궁금하고요."

"다른 아이들이 너를 볼 때 어떻게 생각한다고 생각하니? 너는 그 애들에게 어떤 이야기를 해주고 싶니?"

"저는 친구들에게 '옷이 좋아 보여. 헤어스타일이 잘 어울리는구나. 네 신발도 참 멋지다' 라고 말하고 싶어요."

"자, 그러면 너희 반에 있는 다른 친구들은 오늘 어떻게 느끼고 있다고 생각하니?"

그러자 딸은 한숨을 쉬면서 대답했다.

"아마 저와 같은 생각일걸요?"

"킴벌리, 만약 네가 사람들에게 인기를 얻고 싶고, 다른 친구들에게 매력적인 사람이 되기를 원한다면, 항상 네가 먼저 다른 사람에게 다가가야 한단다. 주도적인 사람이 되어야 하는 것이지. 그리고 네가 그들에게 받고 싶은 만큼 네가 먼저 그 사람들을 대접해 주어야 하는 것이란다."

그날 저녁 학교에서 첫날을 잘 보냈다는 우리 딸에게 나는 이렇게 말했다.

"나는 만나는 모든 사람에게 그렇게 하고 있단다. 나는 사람들에게 그가 입은 옷이나 그 외의 것이 좋아 보인다고 말을 한단다. 그러면 사람들도 나처럼 나의 것이 좋아 보인다고 말을 한단다."

다른 사람의 요구를 채워 줌으로써 당신의 요구도 채워진다. 모든 사람이 승자가 되는 것이다. 만약 당신이 오늘 킴벌리를 만나게 된다면 그녀의 첫 멘트는 당신에게서 찾아낸 그녀가 듣고 싶어하는 말이 될 것이다. 킴벌리는 이제 눈, 머리 모양, 옷과 같은 것을 항상 먼저 칭찬함으로써 대화를 시작하고 있다.

이러한 생각은 자기 중심적인 사고가 아니라 타인 중심적인 사고다. 그리고 바로 이것이 당신을 매력 있게 하는 중요한 요소가 된다. 타인 중심적인 사고는 당신의 눈에 보이는 상대방의 매력에 대해 충분히, 자신 있게 말할 수 있게 하는 것이다. 스스로가 덜 매력적이라고 느끼는 것은 자기 중심적인 느낌 때문이다. 자신의 욕구를 채우기 전에 다른 사람의 필요에 초점을 둠으로써 이러한 느낌을 극복해 갈 수 있다. 많은 사람의 친구가 되어 줌으로써 많은 친구를 갖게 되는 것이다.

사람들을 진심으로 사랑하는가?

아트 데모스는 유명한 교훈을 남겼다.

"사람은 사랑하고 물건은 이용하라. 물건을 사랑하고 사람을 이용하려고 하지 말라."

다른 사람을 진심으로 사랑하는 것은 매력의 중요한 구성 요소다. 왜 그런가? 당신이 진심으로 다른 사람을 사랑하게 된다면 사람들은 당신의 머리카락이 헝클어져 있다거나, 언어에서 문법적인 실수를 저지른다거나, 그 외에 당신의 결점들에 대해 쉽게 보아 넘길 수가 있다. 그러나 당신이 사랑하지 않는다는 것을 그들이 알아차리게 된다면 당신의 모든 결점은 그들에게 짜증거리가 될 것이다.

스스로가 덜 매력적이라고 느끼고 있다면, 잠시 동안 당신의 겉모습이나 옷에 초점을 맞추는 일을 멈추고 마음으로부터 사람들을 사랑하는 일을 시작해 보라. 사람들이 당신에게 있는 새로운 매력을 발견하게 될 것이다.

> 사람을 만날 때는 그가 입은 옷으로 그 사람을 판단하지만 헤어질 때는 그의 마음 씀씀이로 판단하게 된다.
>
> — 옛 러시아 속담

사람들을 격려하는가?

매력과 관련하여 이 질문은 조금 이상하게 들릴 수도 있다. 그러나 잠시 숨을 고르고 당신에게 끊임없이 진실하게 격려해 주었던 사람을 생각해 보라. 당신은 언제나 그를 반가워하지 않았는가?

신뢰할 만한 격려자가 되는 것은 매력적인 사람이 되는 가장 좋은 길이다. 그런데 참된 격려란 무엇일까?

격려란 미래에 대하여 희망을 주는 것이다. 오늘보다 더 밝은 내일이 있다는 것을 보여 줌으로써 사람들을 도우라. 그들이 될 수 있는 것, 즉 성숙한 모습과 더 훌륭한 성장과 같은 것을 보게 함으로써 그들을 도울 수 있다. 그러나 과장하거나 잘못된 희망을 주는 것은 피해야 한다.

친구의 미래에 대하여 당신이 생각하는 분명하고 현실적인 관점을 얻어내야 하는 것이다. 현재의 수준에서 계속적인 개선이 있을 경우 그 사람의 생활이 어떻게 변할 것인지를 상상하도록 노력하라. 그가 만들어 내는 위대한 과정에 대하여 그에게 확신을 갖게 하라. 그것이 격려다!

반면에 당신이 어떤 사람에게 미래가 오늘보다 더욱 나빠질 것이라는 느낌을 주게 된다면 그들은 본능적으로 실망하게 될 것이다. 그들은 당신 주변에 있는 것을 즐거워하지 않게 될 것이다.

격려가 부족할 때

미국에서 사람들이 삶의 방향을 바꾸게 되는 가장 큰 요인은 격려의 부족이다. 청소년이 가출을 하고, 고용인이 직장을 떠나고, 부부가 이혼을 하는 등의 일이 생기는 것은 모두 격려가 부족하기 때문이다.

인간관계나 일에서 갈등에 빠져 있는 사람을 알고 있다면 그들이 이렇게 말하는 것을 들어 보았을 것이다.

"그분은(또는 그녀는) 더 이상 나를 인정해 주지 않아요."
"그들은 내가 살든지 죽든지 상관하지 않을 것입니다."

이러한 말 뒤에 숨어 있는 진정한 의미는 무엇이라고 생각하는가? 이 말들을 다른 말로 하면 이렇다.

"그들은 나를 격려하지 않아요."

사람들에게 바르게 질문하는가?

당신이 그들을 염려하고 있다는 것을 알게 하는 질문을 던져라. 그것에 대해 나누는 시간을 가져라. 심문하려고 하지 말고 대화를 하려고 해야 한다. 그들과 안건을 토론하라. 그들에게 이야기하라. 그들의 관심과 그들의 가족, 계획과 목표에 대해 당신이 염려한다는 것을 나타내라. 각각의 사람들이 가지고 있는 독특함에 대해 알고 있어야 한다.

신실함과 더불어 바르게 질문하는 것은 그들을 도울 수는 없을지라도 당신을 매력적인 사람이 되게 할 수 있다.

외적인 모습

매력적인 사람들에게 무엇을 배울 수 있는가?

당신이 원하고 좋아하는 것을 가지고 있는 친구가 있다면 당신은 그에게 그 옷을 어디에서 구입했는지, 머리는 어느 미장원에서 했는지 등을 물어 볼 것이다.

나의 외모 또는 이미지는 직위와 어울리는가?

회사의 사장이나 부장이면서 대학생처럼 옷을 입고 다니는 사람이 있다. 외모와 이미지가 당신의 직위를 반영한다는 것을 경험해 본 일이 있는가?

다음의 원칙을 기억하라.

'비슷한 것끼리 좋아한다.'

매력적으로 보일 만큼 충분한 에너지를 가지고 있는가?

당신이 피곤함을 느끼는 것에서 당신을 지켜 줄 만큼 적절한 휴식을 취하고 있는가? 적당한 운동을 하고, 적절하게 음식을 섭취하는가?('14. 피로'를 보라.)

당신의 이미지

이미지를 창조할 필요는 없다. 당신은 이미 이미지를 가지고 있다. 당신의 이미지는 이미 가시(可視)적인 것이다. 그러나 이미지를 명백하게 할 필요는 있다.

예를 들어, 만약 당신이 대학의 교수라면 학생의 이미지는 버려야 한다. 만약 이미 돈을 많이 가지고 있다면 마치 누추한 걸인의 이미지로 사람들을 속이려 해서는 안 된다.

이미지를 개선하고 분명하게 하려고 할 때, 외모를 가꾸는 것과 같이 내적인 요소에 대해서도 계속해서 관심을 가져야 한다.

당신의 꿈

미래에 초점을 맞추는가?

리더십을 공부하면서 알게 된 사실이 있다. 과거에 초점을 맞추고 살아가는 사람들은 대개 우울하다. 현재의 삶에 초점을 맞추고 살아가는 사람들은 비판적인 경향이 있다. 그러나 미래에 초점을 맞추고 살아가는 사람들은 대부분 긍정적이며 매력적이다.

당신은 어디에 초점을 맞추고 있는가?

일생동안 아주 많이 투자해야 할 것 중의 하나가 개인적인 외모라고 생각하는가?

주변에 있는 중요한 사람들에게 보여 주는 당신의 외모는 당신이 누구며, 자신에 대해 무엇을 생각하는지를 진술하는 것과 같다. 당신은 지금 어떤 종류의 진술을 만들어 내고 있는가?

몇몇 부유한 사람을 통해 외적인 이미지는 아주 적은 투자만으로도 비교적 개선의 효과가 크게 나타난다는 매우 중요한 사실을 알게 되었다. 그래서 나는 사람들에게 아주 적은 돈으로 외모를 변신하려고 한다면 머리 스타일이나 넥타이, 벨트, 신발 같은 것에 집중하라고 권한다. 이러한 것들은 사람의 전체적인 이미지를 크게 변화시킬 수 있다.

또한 기억해야 할 것이 있다. 오직 외모를 통해서만 당신이 보여지는 것은 아니라는 점이다. 경우에 따라서 당신의 배우자나 회사 또는 조직, 그 외에 다른 것들도 당신의 이미지에 반영된다.

당신의 내적인 모습, 외적인 모습, 꿈과 같은 것을 주의 깊게 살펴야 한다. 다른 사람도 역시 당신의 그러한 모습을 바라보기 때문이다.

┤ 꼭 기억할 것! ├

　미래에 자신에게 매력이 없다고 느껴질 때마다(아니면 그러한 사람에게 카운슬링을 하게 될 때) 이 책을 들고 이 단원을 펴서 다음과 같은 근본적인 질문을 하라.

내적인 모습
- 긍정적인가?
- 자기 중심적인가 아니면 타인 중심적인가?
- 사람들을 진심으로 사랑하는가?
- 사람들을 격려하는가?
- 사람들에게 바르게 질문하는가?

외적인 모습
- 매력적인 사람들에게 무엇을 배울 수 있는가?
- 나의 외모 또는 이미지는 직위와 어울리는가?
- 매력적으로 보일 만큼 충분한 에너지를 가지고 있는가?

당신의 꿈
- 미래에 초점을 맞추는가?
- 일생동안 아주 많이 투자해야 할 것 중의 하나가 개인적인 외모라고 생각하는가?

　올바르게 질문할 줄 아는 것은 자신감 넘치는 리더십을 향상시키는 데 도움을 준다.

BALANCE

3
균형

"셰럴, 인생은 균형을 위한 끊임없는 투쟁이야."

언젠가 내가 아내에게 한 말인데 잊혀지지가 않는다. 결혼 전 스물다섯에서 서른 살 무렵에 나는 잘 표현된 간단한 표어에 압도당했었다.

지금도 이 말은 진리라고 믿고 있다. 우리의 삶 가운데 왜곡과 파손은 대개 불균형에서 비롯된다. 그리고 투쟁이 지난 후에 균형이 잡히면 우리는 그것이 아름다움과 힘을 가져다준다는 것을 알게 된다.

알렉산더 콜더의 작품 가운데 모빌 조각품이 있는데, 강철로 된 줄에 매달려서 크게 흔들리는 철로 만들어진 작품이다. 이 모빌이 균형을 유지하고 있을 때는 아름다운 작품이지만, 한 조각이 떨어져 나가면 작품의 균형과 아름다움은 모두 사라지고 만다.

오늘날 우리가 살고 있는 이 바쁜 세상에서 당신은 얼마나 개인적인 균형을 유지하고 있는가? 이 세상의 모든 일들은 과거보다 거의 세 배는 빠르게 돌아가는 것 같다. 우리는 과거에 비해 두 배의 책임을 요구받고 있으며, 선택의 여지가 과거에 비해 네 배는 많고, 문제는 일흔 두 배나 더 많다. 그러나 예산은 고작 절반에 미치지 못한다.

이 속에서 어떻게 하면 균형을 유지할 수 있을까?

극심한 눈보라 느낌

나는 미국 북부 미시간에서 성장했다. 극심한 눈보라로 내 손조차도 볼 수 없던 당시의 상황을 지금도 생생하게 기억하고 있다. 누구나 인생에서 때때로 이러한 눈보라가 몰아치는 것과 같은 상황에 처할 수 있다. 눈보라같이 수없이 많은 작은 문제가 주변에 산적해 있고 비전은 희미해지는 경우다.

물론 바람이 없이는 눈보라가 일어날 수 없다. 그러므로 바람이 눈보라를 만들어 내듯이 우리의 마음과 삶에 눈보라가 몰아쳐 올 때 바람을 막아냄으로써 눈보라를 그치게 할 수 있다.

당신도 바람을 막을 수 있다. 바람은 당신의 스케줄이다. 모든 스케줄을 중단하고 삶의 모든 일상적인 작은 문제를 지상으로 가라앉혀야 한다. 그럴 때 좀더 분명하게 앞을 볼 수 있게 될 것이다.

눈보라 가운데 있다고 느낄 때 짧은 시간이더라도 모든 스케줄을 잠시 멈추라. 잠깐의 휴식을 위해 가까이에 있는 조용한 레스토랑으로 가든지, 공원의 벤치로 가든지, 그 외의 장소로 가라. 삶의 초점을 다시 맞추고 다시 균형을 잡아야 한다. 그리고 자기 자신에게 이 단원에서 나오는 질문을 던져라.

균형이 무너진 특정한 분야를 분명하게 규정할 수 있는가?

사람들은 대부분 인생은 끊임없이 균형을 유지하려고 하는 수천 개의 삶의 조각으로 구성되어 있다고 생각한다. 그러나 크게 분류하면 대개는 일곱 가지 범주에 포함된다.

균형을 위해 일곱 가지 범주를 기억하도록 권하고 싶다.

- 가족과 결혼
- 직업
- 재정
- 사회
- 개인의 성장
- 영적인 일
- 신체적인 일

당신이 행하는 모든 것은 다른 분야에 영향을 준다. 일반적으로 운동을 하는 데 한 시간을 사용한다면 그 한 시간을 일하는 데는 사용할 수 없다. 당신의 돈 1달러를 친구를 위해 사용한다면 그 돈만큼은 개인적인 성장이나 자녀를 위해 사용하지 못한다. 당신이 가지고 있는 자원의 양과 상관없이 당신이 내리는 모든 결정은 이러한 일곱 가지 범주와 연관이 된다. 이러한 점에서, 당신이 하나를 주면 실제적으로 다른 사람으로부터 다른 하나를 취해야 한다.

따라서 일곱 가지 범주를 기억하는 것은 큰 도움이 된다. 그리고 어떤 결정을 내릴 때 각 분야의 연관성에 대해 머릿속으로 그려 보아야 한다.

"만일 다음 달에 주말 여행을 하기로 결정했다면 경제적으로는 어떤 영향을 끼치며, 가족들에게는 어떤 영향을 주며, 나의 개인적인 성장과 신체적인 문제, 직업, 사회 문제, 영적 성장에는 어떠한 영향을 주게 될 것인가?"

전혀 기대하지 않은 수천 달러의 돈을 벌게 되었다고 가정해 보자. 그 돈으로 더 많은 돈을 벌기 위해 투자를 할 것인가? 그 돈을 아내와 가족들을 위해 사용할 것인가(그들이 원하는 어떤 것을 위해)? 나의 개인적인 성장을 위해 사용할 것인가(새로운 취미나 여행 또는 관심 있는 세미나에 참석하는 등)? 나의 신체적인 건강을 위해 사용할 것인가(새로운 운동 기구의 구입 또는 헬스클럽의 회원 가입과 같은 것)? 직업의 발전을 위해 사용할 것인가(회사를 위한 운용 자금)? 사회 생활을 위해 사용할 것인가(파티를 열거나 친구를 위한 선물을 구입하는 등)? 아니면 나의 영적 성장을 위해 사용할 것인가?

당신이 내리는 모든 결정이 일곱 가지 분야에 서로 연관된다는 사실을 기억 속에 또한 인식 속에 각인할 때, 어떠한 상황에 처하든 균형을 이루는 결정을 할 수 있게 된다.

더불어 이러한 인식은 어떤 특정한 분야에서 균형을 잃게 되는 것을 좀더 쉽게 발견하는 데 도움을 준다. 무엇인가가 잘못되었다는 막연한 느낌을 가지고 살아가기보다 당신은 이렇게 물어 볼 수 있다.

"일곱 가지 분야 중에서 나를 압박하는 것은 어떤 것인가?"

이 질문은 다시 균형을 찾게 되는 첫걸음이다. 삶에서 불균형을 지적해 내는 것은 참으로 중요한 일이다.

마음속에 있는 삶의 일곱 영역과 더불어 다음과 같은 세 가지 질문을 자신에게 물어 볼 수 있다.

삶의 일곱 분야 가운데 어떤 특정 영역에 지나치게 많은 시간과 에너지, 돈을 사용하고 있지는 않은가?

어떤 영역을 거부하고 있지는 않은가?

어떤 영역이 가장 스트레스를 주는가? 왜 그런가?

어쩌면 당신은 대단히 심각한 경제적인 압박을 받고 있을지도 모른다. 이것은 당신의 정신적·심리적 에너지를 소모시키는 가장 큰 요인이다. 비록 가족과 함께 시간을 보낸다고 해도 당신은 진정으로 가족과 '함께' 하는 느낌을 갖지 못할 것이다. 당신의 생각이 당신을 압박하는 재정적인 문제에 모든 초점을 맞추고 있기 때문이다. 스케줄에서 벗어날 수 있는 시간을 갖고, 당신에게 스트레스를 주는 것이 무엇인가를 명확하게 한 후, 어떻게 하면 그 스트레스를 줄일 수 있을지 스스로에게 물어 보라.

지금 느끼는 불균형을 바로잡기 위하여 내가 취할 수 있는 세 가지는 무엇인가?

만약 당신을 압박하는 스트레스를 반으로 줄일 수 있는 세 가지 일을 할 수만 있다면, 당신이 잃어버린 균형의 50%는 되찾을 수 있다. 그 일이 무엇인가? 만약 당신이 이 세 가지 분야에 초점을 맞추게 된다면, 한 시간 뒤에 당신은 공원의 벤치에 처음 앉았을 때보다 훨씬 더 큰 개인적인 균형 감각을 가지고 벤치에서 일어나 공원의 산책로를 걸을 수 있게 될 것이다.

불균형한 삶을 계속해서 살아갈 때 일어나게 될 내가 원하지 않는 결과는 무엇인가?

무엇이 잘못될 것인가? 항상 현실을 직시하라.

균형 있는 삶을 유지하기 위해 대가를 치를 준비가 되어 있는가?

균형을 얻는다는 것은 새로운 다이어트를 의미한다. 또한 새로운 운동법으로 자신을 관리하는 것을 의미하기도 한다. 그것은 새로운 스케줄을 갖는 것이다. 그것은 여러 가지 다양한 것을 의미한다. 진정으로 균형을 얻기 위해 대가를 치를 준비가 되어 있는가? 만약 그렇지 않다면 불균형한 삶의 대가를 치를 준비가 있는가?

내 삶의 중요한 에너지를 무엇에(누구에게) 쏟고 있는가?

만약 당신의 생각과 행동을 하루 동안 눈에 보이지 않는 한 사람이 관찰했다면, 그는 당신이 무엇에 가장 헌신했다고 말하게 될까? 당신의 가족일까? 아니면 직업일까? 당신의 마음과 생각과 생명을 전적으로 지배하는 것은 무엇인가? 그리고 당신이 진정으로 되기를 원하는 것은 무엇인가?

삶의 균형을 다시 찾게 된다면 누가(무엇이) 가장 이익을 보게 될 것인가? 그리고 누가(무엇이) 가장 손해를 보게 될 것인가?

눈보라와 같이 혼란스런 상황을 가라앉힌 후에 당신이 취할 수 있는 중요한 단계를 충분히 규명해 보라. 누가 이익을 보게 될 것인가? 누가 손해를 보게 될 것인가? 이러한 일들은 배우자, 자녀, 일, 당신의 개인적 관심사에 어떻게 영향을 주게 될 것인가?

누가 내 삶의 균형 감각을 회복하는 일을 도울 수 있는가?

한 친구가 내게 이런 말을 했다.

"혼자야, 너는 언제나 혼자라고. 그러나 한 사람만 더해지면 팀을 구성할 수 있지."

강한 균형 감각을 세우기 위해 책임을 지고 팀의 일원이 될 수 있겠는 사람은 누구인가?

기억해야 할 것은, 감정적인 문제일수록 객관적으로 바라보면서 당신의 목적 달성과 균형을 도울 수 있는 사람이 반드시 필요하다는 사실이다.

자신이 누구인가를 알고, 자신이 누구인가를 알고 있다는 사실을
아는 사람은 지혜로운 사람이다. 그를 따르라.
자신이 누구인가를 알지만, 자신이 누구인가를 알고 있다는 사실을
모르는 사람은 무지한 사람이다. 그를 깨우쳐라.
자신이 누구인가를 모르고, 자신이 누구인가를 모르고 있다는
사실을 모르는 사람은 어리석은 사람이다. 그를 피하라.
자신이 누구인가를 모르지만, 자신이 누구인가를 모르고 있다는
사실을 아는 사람은 학생이다. 그를 가르치라.

외로움에 관한 단어

외로움을 느낄 때마다 당신이 느끼는 외로움의 특별한 성격을 규명해야 한다. 균형을 회복하는 과정에서 이것은 특히 중요하다. 불균형의 부산물이거나 원인이 될 수 있기 때문이다.

모든 외로움이 사회적인 것은 아니다. 사실상 외로움의 형태는 무척 많다.

- 재정적 외로움 – 재정적인 부담을 함께 나눌 사람이 없을 때
- 가족적 외로움 – 가정에서 아주 멀리 떨어져 있을 때
- 신체적 외로움 – 접촉을 할 만한 사람이 없을 때
- 직업적 외로움 – 사람들과 함께 나눌 수 없는 자리에 있거나 그것을 바라볼 때
- 사회적 외로움 – 친구가 없을 때
- 영적 외로움 – 많은 사람 가운데 자신만 믿는 사람일 경우

균형 가운데 머물면서 시간 사용하기

처음에는 '눈보라'를 멈추게 하기 위해 헌신하는 시간의 양이 굉장히 많다고 생각할 수도 있다. 그러나 계속해서 전진하라. 그리고 중요하게 생각하라. 당신의 삶에 초점을 맞추고 균형을 유지하는 데 사용하는 시간에 헌신하라. 초점을 맞추고 균형을 유지하는 것은 장기간의 효과를 얻어내는 데 핵심적이다. 오늘을 균형 있게 지내지 못하면 미래에 고통을 당할 것이라는 것은 말할 필요도 없다. 바로 그것이 삶이다.

꼭 기억할 것!

미래에 당신의 삶이 조절 능력을 잃었다고 생각될 때 이 단원을 다시 읽고 자신에게 이렇게 물어 보라.

- 균형이 무너진 특정한 분야를 분명하게 규정할 수 있는가?
- 삶의 일곱 분야 가운데 어떤 특정 영역에 지나치게 많은 시간과 에너지, 돈을 사용하고 있지는 않은가?
- 어떤 영역을 거부하고 있지는 않은가?
- 어떤 영역이 가장 스트레스를 주는가? 왜 그런가?
- 지금 느끼는 불균형을 바로잡기 위하여 내가 취할 수 있는 세 가지는 무엇인가?
- 불균형한 삶을 계속해서 살아갈 때 일어나게 될 내가 원하지 않는 결과는 무엇인가?
- 균형 있는 삶을 유지하기 위해 대가를 치를 준비가 되어 있는가?
- 내 삶의 중요한 에너지를 무엇에(누구에게) 쏟고 있는가?
- 삶의 균형을 다시 찾게 된다면 누가(무엇이) 가장 이익을 보게 될 것인가? 그리고 누가(무엇이) 가장 손해를 보게 될 것인가?
- 누가 내 삶의 균형 감각을 회복하는 일을 도울 수 있는가?

삶에서 불균형을 느낄 때 이러한 질문을 하는 것은 리더십의 감각에서 자신감을 회복하는 데 도움을 준다.

CHANGE

4
변화

비록 한 세기를 살지는 못했지만, 오늘날의 사람들은 과거의 사람들보다 사회의 중요한 변화를 더 많이 느낀다. 이러한 변화는 우리가 고려해야 하고 받아들이고 다루어야 하는 새로운 발전을 의미한다. 이러한 변화가 한 달 또는 몇 주 안에 일어나는 비율은 점점 더 커지고 있다. 아마 사람들이 이렇게 말하는 것을 들었을 것이다.

"에디슨이 전구를 발명했다고 들었어요."

"라이트 형제가 비행기를 만들었대요."

확신하건대 이제 당신은 더 자주 이러한 소식을 듣게 될 것이다.

당신과 나는 서로 다른 연령대에 살고 있다. 요즈음은 중대한 변화가 헤아릴 수 없이 아주 짧은 시간대에 일어나기도 한다(심지어 우리가 쓰는 언어도 변화한다). 게다가 이러한 변화는 모든 분야(기술의 변화, 정치적인 변화, 사회적인 변화, 경제적인 변화)에서 일어나고 있다. 하지만 모든 변화가 꼭 필요한 변화로 보이지는 않는다.

변화가 너무나 빠르게 진행되기 때문에 그것을 모두 따라가는 사람은 없다.

변화는 당신을 압도하거나 당신에게 좌절감을 안겨주고 떠난다. 변화의 풍조는 우리 모두에게 개인적인 것이며, 사람에 따라서 차이가 있다. 당신은 지금 어떠한 변화에 직면해 있는가? 어떠한 변화가 당신을 불안하게 하는가? 당신이 느끼기에 당신이 조절할 수 없는 변화는 무엇인가?

앞으로 다가올 50년 동안 삶의 길에서 변화는 매시간 다가올 것이다(당신이 지금 직면하고 있는 변화와 같이). 당신 자신에게 질문해 보라. 변화 속에서 분명하고 견고한 답을 찾게 될 것이다.

변화의 상황은 무엇인가?

앞서 언급했듯이, 상황을 고려하지 않으면 어떤 것도 의미가 없다. 변화가 삶의 기본적인 일곱 영역에 어떻게 영향을 줄 것인가는 이 단원의 마지막 부분에서 다루게 될 것이다. 변화는 당신의 직업에, 영적인 면에, 사회적인 면에, 재정적인 측면에 어떻게 영향을 줄 것인가? 한 분야가 아니라 일곱 분야 모두에 미칠 충격에 대해 고려해야 한다는 것을 확실하게 하라. 재정적으로 넉넉해지는 훌륭한 변화

> 비록 활동을 하지 않는다 하더라도 우리는 끊임없이 세상을 변화시킨다. 그러므로 변화에 책임을 져라.
>
> — 벤저민 프랭클린

는 당신의 가족을 구하게 될 것이고, 영적인 생활 또는 육체적인 생활까지도 구할 수 있다. 항상 큰 상황을 이해하도록 노력해야 한다.

절대로 변하지 않는 것은 무엇인가?

오늘날 당신이 만나는 변화는 많은 것을 함축하고 있다. 그러나 어떤 것은 최소한의 영향도 받지 않는다. 이처럼 불변하는 것, 불변하는 요소를 알아야 한다.

어떤 사람은 불변의 요소를 영적인 믿음이나 삶의 가치, 사명 또는 부르심, 사랑 또는 가족과 나눌 헌신에서 찾는다. 불변의 요소를 찾을 때마다 그것을 고수하라.

변화는 때때로 불안과 비현실적인 감각을 불러오기도 한다. 주변에 있는 모든 것은 날아간다. 이러한 환경에서 내가 제시하는 정신적인 훈련을 따르기를 제안한다.

다음의 도표를 보면서 이미 주어진 보기에 따라 주어진 공간을 채워 보라. 먼저 다음 20년 동안 당신이 자신 있게 말할 수 있는 바뀌지 않을 것들을 기록하라. 예를 들면 '같은 배우자와 살 것이다', '여전히 같은 자녀를 갖게 될 것이다' 등이 될 것이다. 이러한 내용을 각각의 장소에 철도 굄목의 대못으로 박듯이 정신적으로 고정하라.

다음으로 앞으로 5년 동안은 변화하지 않을 것에 대한 목록을 작성하라. 아마도 앞으로 5년 간은 같은 외투를 입고, 같은 집에서 살며, 같은 가구를 사용하게 될 것이다. 2인치의 못을 들고 흔들리지 않도록 잘 박아라.

20년 (아주 큰 대못)	5년 (일반 못)	1년 (압정)	다른 것들

이제 12개월 동안 변함이 없을 것에 대한 목록을 작성하라. 같은 직업, 같은 자동차, 같은 친구 등이 등장할 것이다. 이러한 것들을 압정을 사용하여 고정하라.

많은 것이 여전히 주변을 날고 있겠지만 이제 삶의 80% 정도는 거의 고정이 되었다. 그러한 일들은 비교적 안정적인 것들이다. 안정적인 것들을 인식하는 것은 마음의 평안을 지키는 데 도움을 준다.

우리는 또한 매우 서서히 변해 가는 것에 대해서도 인식을 해야 한다. 나는 미시간 주의 만셀로나에서 성장했다. 그리고 그 곳은 변하고 있다. 매우 천천히, 서서히 변하고 있다.

변화의 이론적 관점과 심리학적인 관점은 무엇인가?

변화는 이론적으로 이해될 수 있다. 그러나 변화는 심리적으로 사람을 염려로 이끌기도 한다. 모든 사람에게는 안정이 필요한데, 스트레스와 불안정의 원인이 되는 변화에서 편안함을 얻어야 비로소 안정이 시작된다. 그러므로 변화를 유도하기 전에 반드시 심리적인 특질을 고려해야 한다.

변화에 직면하게 될 때 변화에서 올 수 있는 이익과 불이익을 기록하는 것은 좋은 훈련이 된다. 심리적인 충격을 표시하는 것도 좋다. 종이 위에 기록된 내용을 보는 것만으로도 명확해질 수 있다. 아마도 당신은 이렇게 말하는 자신을 발견하게 될 것이다.

"나는 그것을 인정하고 싶지 않습니다. 하지만 이 시점에서 변화를 이론적으로는 알고 있는데 안정은 느끼지 못하고 있습니다."

또 하나의 가능성은 심리적인 안정에 영향을 주지 못하는 변화를 고려해야 한다. 이익 또는 불이익을 고려할 때 이론적인 것은 문제가 되지 않는다.

가장 중요한 핵심은 변화에서 이론적인 관점과 심리적인 관점을 구별해야 한다는 점이다.

> 새로운 발걸음을 내딛고,
> 새로운 단어를 발음하는 것은
> 사람들에게 가장 두려운 일이다.
>
> — 도스토옙스키

또 하나 기억해야 할 것이 있다. 지도자는 변화의 방향보다는 변화를 다루는 방법을 알아야 한다. 또한 지도자로서 당신이 내린 결정이 어떻게 변화되며, 그러한 결정의 이행이 다른 사람들의 삶에는 어떤 영향을 미치는지에 대해 예민하게 인식하고 있어야 한다. 당신이 내린 단순한 결정은 다른 사람의 삶이나 그들의 사회, 다른 전문적인 부분이나 다른 분야의 핵심적인 부분에 큰 영향을 줄 수도 있다. 당신이 계획하는 변화를 이행할 때 극도로 민감해져야 한다.

변화를 이행하려고 발표할 때 다음과 같이 말해서는 안 된다.

"자, 여러분, 이제 이해하셨지요?"

앞으로 진행될 새로운 변화에 대해 발표하기 전에, 먼저 사람들의 심리적인 반응을 읽어내는 것이 중요하다. 매우 긍정적인 변화라고 해도 어떤 사람은 실패했다고 느끼거나 그렇게 볼 수도 있다. 그러므

핵심

변화를 효과적으로 다루어야 한다는 것을 깨달을 때,
반드시 기억해야 할 핵심적인 사실이 있다.
"변화는 가능성 있는 기회와 잠재된 실패를 동시에 상징한다."

로 당신은 사람들로부터 저항이나 방어를 경험하게 될 수도 있다.

다음과 같은 사실을 기억하는 것이 도움이 된다. 변화는 혁명(지금까지 해온 것과는 전혀 다른 어떤 것)이며 진보(지금까지 해온 것의 개선이나 발전)로 보여질 수 있다. 당신은 크고 새롭고 전혀 다른 어떤 것의 변화보다는 우리가 '항상 해온 방식'을 단순하게 개선하는 방법의 변화가 항상 쉽다는 사실을 발견하게 될 것이다.

> 모든 계획에서 핵심은 '진보'다. 방향을 세우고 시작하며, 계획은 항상 진보를 생각하라.
>
> – 그레이 위버

변화가 가져다줄 이익은 무엇인가?

특별히 변화가 외부에서 강요된 것이라면 변화를 통해 당신이 얻게 될 세 가지 중요한 이익은 무엇인지 목록을 작성해 보아야 한다. 또한 이러한 이익들이 현실적으로 보이더라도, 긍정적인 면에서 주의 깊게 보지 못해서 당하는 불이익에 대해서도 생각해 보아야 한다. 직원들에게 변화에 대해 알려 주어야 할 때 이 변화가 가져오게 될 이익을 강조할 수도 있다.

내가 시도하는 변화는 아주 크고 매우 빠른 것인가?

이러한 변화를 허락해야 하는가? 만약 그러한 변화를 원치 않는다면 변화의 뿌리가 깊어지도록 기다리기보다 변화의 초기에 반대를 하는 것이 더 낫지 않을까?

끝으로 스스로에게 이러한 질문을 해보라.

이 변화는 일시적인 것인가? 아니면 영구적인 것인가?

변화를 향한 나의 태도는 옳은가? 나는 그 변화를 바르게 인식하고 있는가?

이 변화의 부정적인 관점들은 창조적인 문제 해결을 위해 무엇을 필요로 하는가?

변하는 것과 변하지 않는 것

생존과 성공을 위해 한 조직의 모든 정책과 활동은 건강한 믿음에 기초해야 한다는 것이 IBM의 신조다.

그러나 믿음을 갖는 것보다 더 중요한 것은 그러한 믿음이 지속된다는 신뢰다. 만약 어떤 조직이 변화하는 세상에서 도전을 받게 된다면, 그러한 믿음 외에도 현재에서 미래로 나아가기 위해 모든 변화를 준비해야 한다.

반복해 보자. 조직을 움직이는 기초 철학과 참 정신을 소유하는 것은 기술, 경제적인 자원, 조직 구조, 혁신, 타이밍을 구하는 것보다 더 중요하다.

— T.J. 왓슨 Jr.(전 IBM 이사회 의장)

꼭 기억할 것!

미래에 변화에 직면하게 될 때 다음의 질문은 당신이 관점을 유지하도록 도움을 줄 것이다.

- 변화의 상황은 무엇인가?
- 절대로 변하지 않는 것은 무엇인가?
- 변화의 이론적 관점과 심리학적인 관점은 무엇인가?
- 변화가 가져다 줄 이익은 무엇인가?
- 내가 시도하는 변화는 아주 크고 매우 빠른 것인가?
- 이 변화는 일시적인 것인가? 아니면 영구적인 것인가?
- 변화를 향한 나의 태도는 옳은가? 나는 그 변화를 바르게 인식하고 있는가?
- 이 변화의 부정적인 관점들은 창조적인 문제 해결을 위해 무엇을 필요로 하는가?

바르게 질문하는 것은 변화라는 폭풍의 한복판에서 당신에게 초점을 제시하여 자신감 넘치는 리더십을 증대시켜 준다.

COMMUNICATION

5
의사 소통

앞으로 30일 안에 당신이 다른 사람과 나누고 싶은 가장 확신에 넘치는 메시지는 무엇인가?

그것은 아마도 당신의 생산물이나 서비스를 손님들이 구입해 주도록 설득하거나, 당신이 쓰던 중고차를 판매하려고 할 때 구입할 사람을 설득하거나, 당신이 결혼하기를 원하는 사람에게 결혼을 결심하도록 동기를 부여하거나, 회사의 직원들이 좀더 열심히 일할 수 있도록 격려하거나, 학생들이 좀더 좋은 성적을 거둘 수 있도록 하는 일과 같은 것이 될 수 있다. 그것이 무엇이든지 간에 이 단원을 읽으면서 마음속에 초점을 분명히 할 수 있기를 바란다.

메시지를 전달하려고 할 때 기억해야 할 가장 중요한 원칙은 성경에 황금률이라는 말로 표현된 말씀이다.

"네가 사람들에게 받고 싶은 만큼 너도 다른 사람을 대접하라."

당신이 전달하려는 메시지의 황금률도 이와 똑같다. 사실상 의사 소통의 가장 중요한 핵심은 다음과 같이 말할 수 있다.

"당신이 어떤 사람과 대화를 하고 싶다면 그 사람이 원하는 방식으로 의사 소통을 하라."

이것이 의사 소통에서 가장 중요한 원칙이다.

의사 소통을 효과적으로 할 수 있도록 도울 수 있는 질문을 살펴보기로 하자.

나의 청중은 누구인가?

제일 먼저 당신이 설득하려는 사람이 누구인지 분명하게 마음속으로 그림을 그려야 한다. 청중이 한 사람일 경우에는 비교적 쉽다. 그러나 청중이 여러 명일 경우에는 초점을 정확히 맞추기 위해 노력해야 한다. 스스로 이렇게 질문해 보라.

"개인으로서 그들은 누구인가? 그들이 공통적으로 보여 주는 것은 무엇인가? 그들에게 무엇이 필요한가? 그들이 원하는 것은 무엇인가? 그들은 무엇과 싸우고 있는가? 그들은 어떻게 응답하는가? 그들은 무엇에 저항하는가?"

당신이 먼저 청중의 입장이 되어야 한다. 그렇게 하는 것은 당신이 누구인가와 상관없이 당신이 전달할 메시지를 얻어내는 데 핵심적인 일이 된다.

다음의 질문들은 청중을 이해하고 좀더 명확한 초점을 맞추는 데 도움을 준다.

청중에게 전달하고 싶은 것을 글로 기록한다면, 전달하려고 하는 것 가운데 가장 반응을 얻고 싶은 것은 무엇인가? 그 연설에서 당신은 무엇을 말하고 싶은가?

당신이 전달하는 말 속에 청중의 관점을 표현하라. 당신의 연설에 포함된 가정과 결론, 가치에 대하여 좋아하고 매달리는 사람이 있다는 것을 기억하라. 이러한 영향에 대하여 그들은 어떻게 반응할까?

월드 릴리프의 전 총재인 제리 발라드 박사는 "모든 잘못된 의사 소통은 각기 다른 가정의 결과다"라고 말했다. 처음에 이 말을 들었을 때 나는 그의 진술이 매우 대담하고 광범위하다고 생각했다. 그 후 3년 동안 나는 그의 말에서 예외를 찾기 위해 노력했지만 허사였다. 결국 나는 제리의 말을 사람들에게 가르치기 시작했다. 제리의 관찰에 의하면 사람들이 의사 소통을 하려고 노력할 때 많은 혼란과 압박을 받게 되는데, 그것은 말하는 사람의 가정과 그 말을 듣는 사람의 가정이 다르기 때문이라는 것이다.

청중들이 세운 가정은 무엇인가? 당신이 세운 가정은 무엇인가?

청중이 나의 말을 받아들이도록 가장 크게 영향을 끼친 부분은 무엇인가?

청중이 나의 말을 받아들이지 않도록 가장 크게 영향을 끼친 부분은 무엇인가?

청중이 행하기를 원하는 세 가지 중요한 이유는 무엇인가? 청중이 행하지 않기를 원하는 세 가지 중요한 이유는 무엇인가? 그러한 이유를 결정하는 것은 아주 중요하다.

청중이 저항할 만한 것을 다섯 가지 정도 예측한다면 그것은 무엇인가?

나의 견해 가운데 청중이 오해를 할 것 같은 세 가지는 무엇인가?

이 질문은 청중이 동의하지 않는 부분이 무엇인가를 알기 위함이 아니다. 청중이 쉽게 오해하는 부분을 알려는 것이다.

의사 소통을 할 때 당신의 어조(語調)는 메시지를 이해하는 데 큰 역할을 한다. 로드 체스터필드는 "일상생활에서 발생하는 모든 충돌의 90%는 대개 어조 때문이다. 사람이 말을 할 때 사용하는 단어는 그의 사상을 전하며, 어조는 그의 분위기를 전한다"고 기록했다.

무엇을 말하는가가 중요한 것처럼 어떻게 말하는가도 중요하다. 도나 켈리는 남편이 아내에게 하는 말을 예로 들었다. 두 가지 표현을 비교해 보라.

"여보, 당신을 보면 시간이 멈추는 것 같아."
"여보, 당신의 얼굴은 시계를 멈추게 할 것 같이 생겼어."

관련된 사실은 무엇인가? 그 사실이 주는 유익은 무엇인가?

당신이 전달하려고 애쓰는 서너 가지 사실은 무엇인가? 당신은 경험을 통해 그러한 사실들을 잘 알고 있는가? 만약 계속해서 다른 권위자와 전문가의 말을 인용해야 한다면 당신 자신은 전문가로 보이지 않을 것이다.

또한 단순한 사실보다 더 많은 것을 소개하려고 해야 하며, 각각의 것에 연관된 유익을 알려 주어야 한다.

최근 나의 고객 중에 한 사람은 회사의 중역인 한 사람을 고용해야 할 것인가 하는 문제를 고려하게 되었다. 그 사람은 이미 몇 달 전부터 시험삼아 그 조직에서 일하고 있었다. 다음은 '사실과/유익함'의 도표다.

사실

1. 폴은 우리 리더십 팀 전체에게 이미 만장일치로 승인받았다.
2. 폴은 15주 동안 리더십 팀에 있었고, 그의 자리에 대한 사람들의 반응은 긍정적이다.
3. 폴은 45세다.

유익함

1. 만약 그를 고용한다면, 그에 대해 우리의 마음에 주저함이 없었다는 사실에 대해 기분이 좋을 것이다. 그는 애초부터 우리 팀이었다는 느낌이 들 것이다.
2. 우리는 그의 행동을 관찰해 왔다. 그래서 그를 잘 알고 있다는 느낌이 있다.
3. 우리에게는 이미 젊은 사람들이 충분히 많다. 그런데 그는 나이가 들어 인생 경험이 풍부하며 인격적으로 성숙한 모습을 갖추고 있다.

이와 같이 분명한 생각들을 통해 조직의 지도자들은 폴을 고용하는 문제에 대해 자신감 있게 이야기하고 결정할 수 있었다.

청중은 왜 이 메시지를 들어야 하는가?

다른 사람이 이러한 메시지를 전한다면 당신은 그의 생각에 동의할 수 있는가? 왜 그런가? 아니라면 왜 그렇지 않은가?

당신은 다른 사람에게 그것을 사려고 하는가? 그렇지 않다면 그것을 팔려고 애쓰지 말라.

나는 다른 사람이 거부할 수 없는 메시지를 만드는가? 가장 중요한 가치와 대가는 무엇인가?

모든 선택은 그것의 가치에 대해 지불해야 하는 대가를 고려하는 과정의 결과다.

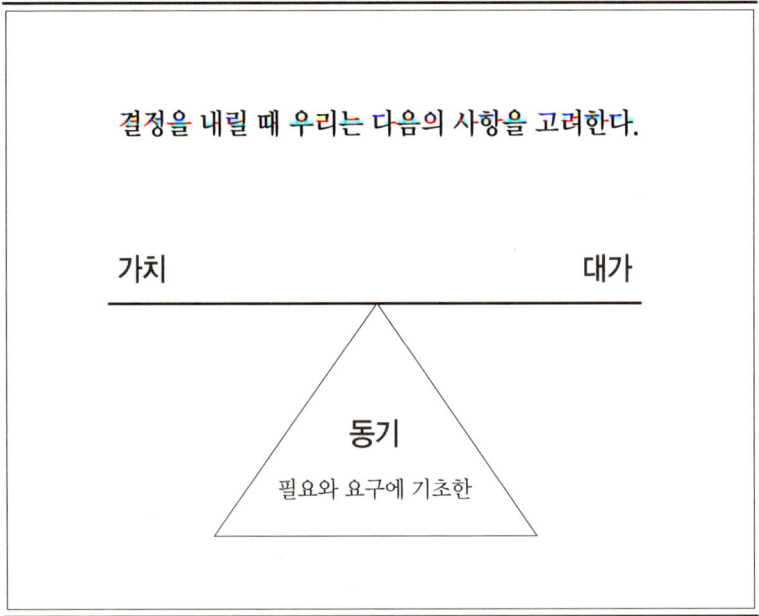

예를 들어 보자. 당신이 한 상점에 들어가 좋아하는 스타일의 시계를 살펴보고 있는데 점원이 당신에게 다가와 이렇게 말했다.

"그 시계는 100달러입니다."

당신은 그 시계를 주의 깊게 살펴보고 나서 스스로에게 이렇게 말한다.

'나는 지금 물건을 구입하기 위해 돌아다니고 있는데, 이 시계는 100달러의 가치가 있다.'

그리고 당신은 다음과 같이 생각하게 될 것이다.

'나는 시계가 필요하고, 이 시계는 바로 내가 원하는 시계다. 100달러를 버는 건 쉬운 일이 아니다. 100달러를 사용할 만큼 마음이 움직이는가? 아니면 이 시계는 내게 너무 비싼가?'

당신이 좀더 많은 돈을 벌 수 있고, 좀더 돈이 많은 사람이라면 100달러라는 시계의 가격 때문에 덜 망설일 것이다. 그러나 만약 한 시간에 5달러를 번다면, 100달러나 되는 시계의 구입은 너무나 큰 값을 치르는 것이다. 하지만 한 시간에 100달러를 번다면 100달러의 시계 가격은 그렇게 비싼 것은 아니다. 또 당신이 이미 돈을 가지고 있고, 당신이 시계에 대해 생각하고 있는 가치보다 시계의 가치가 더 높거나 당신의 기대치와 같다면, 당신은 그 시계를 구입하게 될 것이다. 만약 기대치보다 시계의 가치가 떨어지거나 값이 나가지 않는 것이라면 당신은 그 시계를 구입하지 않을 것이다.

당신은 이러한 문제를 생각하는 반면에 상점의 점원은 당신에게 이렇게 말할 것이다.

"우리는 당신이 시계를 갖게 되기를 바랍니다. 앞으로 5분 안에 당신이 이 시계를 구입하기로 결정하신다면 우리는 10달러까지 할인해 드릴 수 있습니다."

비싼 물건을 비교적 싸게 구입할 수 있다는 말을 들으면 갑자기 물건을 구입하기 위해 흥정하고 싶은 마음이 생긴다. 사실 이것은 협상의 여지가 없다. 바겐세일은 모든 사람이 좋아한다.

이제 다시 30일 안에 사람들과 나누고 싶은 메시지가 무엇인가 하는 이야기로 돌아가 보자. 당신이, 청중이 받아들이기를 원하는 아이디어의 가치는 무엇이 될 것인가? 당신이 요구하는 청중들이 지불해야 할 대가는 무엇인가? 이 두 가지를 비교할 때 당신은 청중에게 협상할 수 없는 그 무엇을 주고 있는가? 만약 그렇지 않다면 사람들이 요구하는 것의 값을 어떻게 할인해 줄 것인가? 아니면 사람들이 요구하는 것의 가치를 높일 수 있는가? 가장 좋은 것은 이 두 가지를 다 하는 것이다.

당신의 메시지를 저항할 수 없는 것으로 만들라. 그렇지 않다면 아직 준비가 덜 된 것이다.

나의 메시지의 정확성과 가치와 독특성을 어떻게 시각화(언어로 표현된 그림)할 수 있을까?

그림, 실제의 물건, 만화, 도표, 그래프를 비롯한 다른 여러 것의 도움을 받아서 당신의 메시지를 어떻게 하면 사람의 눈에 보이는 것으로 표현을 할 수 있는지 생각해 보라. 기억하라. 하나의 그림은 수천 개의 단어를 모아서 표현하는 것과 같은 가치와 효과가 있다. 또 잘 구성된 그래프나 도표는 수십만 개의 숫자로 표현한 것과 같은 가치가 있다.

생각의 초점 : 메시지를 전달할 때 내용보다 의사 소통에 초점을 맞추어야 한다. 당신이 전달하려는 내용은 당신에게 매우 친숙한 것이다. 따라서 내용보다는 청중과의 진실한 접촉, 청중과의 의사 소통에 모든 관심을 두어야 한다.

꼭 기억할 것!

사람들과 특별한 메시지로 의사 소통을 하려고 할 때, 다음과 같은 질문은 명확한 의사 소통을 하게 하는 데 도움을 줄 것이다.

- 나의 청중은 누구인가?
- 청중에게 전달하고 싶은 것을 글로 기록한다면, 전달하려고 하는 것 가운데 가장 좋은 반응을 얻고 싶은 것은 무엇인가? 그 연설에서 당신은 무엇을 말하고 싶은가?
- 청중이 나의 말을 받아들이도록 가장 크게 영향을 끼친 부분은 무엇인가?
- 청중이 나의 말을 받아들이지 않도록 가장 크게 영향을 끼친 부분은 무엇인가?
- 청중이 저항할 만한 것을 다섯 가지 정도 예측한다면 그것은 무엇인가?
- 나의 견해 가운데 청중이 오해를 할 것 같은 세 가지는 무엇인가?
- 관련된 사실은 무엇인가? 그 사실이 주는 유익은 무엇인가?
- 청중은 왜 이 메시지를 들어야 하는가?
- 다른 사람이 이러한 메시지를 전한다면 당신은 그의 생각에 동의할 수 있는가? 왜 그런가? 아니라면 왜 그렇지 않은가?
- 나는 다른 사람이 거부할 수 없는 메시지를 만드는가? 가장 중요한 가치와 대가는 무엇인가?
- 나의 메시지의 정확성과 가치와 독특성을 어떻게 시각화(언어로 표현된 그림)할 수 있을까?

의사 소통을 명확하게 하고 자신감이 넘치는 리더십을 계속 증대시키기 위해 위와 같은 질문을 해야 한다.

CONFIDENCE

6
자신감

　지난 몇 년 동안 내가 실행해 온 수백 가지 일들을 알게 된다면 당신은 아마 놀랄 것이다. 자동차 안에서 은밀하게, 때로는 컨설팅 분야에서, 때로는 개인적인 대화를 나눌 때 사람들에게 능력에 대해 질문했고, 그들이 하는 일이 정말로 순조로운지에 대해 물어 보았다. 대부분의 사람이 성공이나 꿈을 이루는 데 자신감의 부족으로 갈등하고 있었다. 그들은 일을 수행하는 데 자신이 적절한 사람이라는 것에 대해 의심하고 있었다.

　사실상 이처럼 불안한 마음을 갖는 것은 특별한 일이 아니다. 아마도 당신은 진정한 지도자는 절대로 자신이나 자신의 능력에 대해서 의심해서는 안 된다고 생각할지도 모른다. 그러나 내가 아는 바에 의하면 90% 이상의 사람이 한 번 또는 여러 번에 걸쳐 그러한 문제에 직면한다.

자신감 있게 다른 사람을 지도하기 위해 지도자는 반드시 자신에 대하여 분명한 믿음을 가져야 한다. 자신의 동기와 권고가 옳다는 것을 믿어야 한다. 말할 것도 없이 자신이 행하는 과업과 자신의 프로그램, 자신의 꿈을 스스로 믿지 못한다면 다른 사람들도 당신을 자신감 있게 따르지 못할 것이다.

지금 당신은 자신감을 얻기 위해 투쟁할 수 있다. 만약 지금이 아니라면 3년 안에 어느 시점에서 그러한 시기를 만나게 될 것이다.

다음의 질문과 원칙은 자기 자신을 의심하게 되는 시기에 당신을 도울 것이다.

염려스러운 상황이나 자신감이 부족한 상황에서 나는 너무나 자기 중심적인 사람은 아닌가?

솔직히 말하면 자신감이 부족한 데서 오는 염려는 대개 자기 중심적이기 때문에 오는 증상임을 알게 되었다. 당신이 자기 중심적이라면 아마 지금도 염려를 하고 있을 것이다. 그 반대의 현상도 사실이다. 근본적으로 염려를 한다는 것은 그가 곧 자기 중심적인 사람이라는 뜻이다.

좀더 자신감이 많기를 바라는 어떤 상황에 대해 생각해 보라. 이러한 상황에서 당신은 다른 사람의 필요와 흥미에 관심을 갖는가? 아니면 오로지 자신에 대해서만 초점을 맞추고 아직 만나지도 않은 어리석음이나 서투름이나 우유부단을 걱정하는가? 이러한 상황에서 당신은 다른 사람에게 주기를 바라는가, 아니면 어떤 것이든 얻기를 바라는가? 다른 사람들이 당신을 주목하지 않고, 인정해 주지 않고, 칭찬해주지 않을까 봐 두려워하지는 않는가? 아니면 그들의 성공에 필요한 것을 어떻게 하면 줄 수 있을까 하는 것에 대하여 생각하는가?

어쩌면 당신은 특별한 발표나 연설에 대해 염려를 하고 있을지도 모른다. 보통 사람들은 일상적인 상황에서 부딪히는 일들은 자신감이 있지만, 사람들이 많이 모인 장소에서 강연이나 세미나의 강사로 부탁을 받게 되면 큰 염려에 빠지게 된다.

나는 그들에게 이렇게 말한다.

"연단에 오르면 자신에 대해서는 잊어버리세요. 대부분의 사람은 지금부터 1년 안에 당신의 이름도, 당신이 한 말도 모두 기억하지 못할 것입니다. 아마도 5년쯤 지나면 사람들은 당신이 그 사람들 앞에서 말했다는 것조차 잊어버리게 될 것입니다. 실제로 당신이 살아오면서 그 동안 기억나는 강사가 몇 사람이나 됩니까? 그 사람이 누구인지, 그가 어떤 말을 했는지 기억하고 있습니까? 당신이 그들에게 한 말을 얕잡아 보거나 당신의 영향력을 과소평가하는 것이 아닙니다. 다만 당신이라는 사람의 중요성에 지나치게 열중하지 말라는 것입니다. 특히 당신이 어떻게 보일까 하는 것에 지나치게 열중하지 마십시오. 사람들은 한 주간 안에 당신이 어떤 색의 옷을 입었는지 잊어버리게 될 것입니다."

집을 나서기 전에 머리를 빗고, 편안한 신발을 신으라. 이런 일들을 그냥 자연스럽게 하라. 그런 다음에는 당신 자신을 무시하라. 이제 당신의 연설을 듣게 될 사람들에게 모든 초점을 맞추어야 한다.

그들은 누구인가? 그들에게 정말로 필요한 것은 무엇인가? 그러한 필요를 충족하기 위해 무슨 말을 해야 하는가?

> 다른 사람을 사랑하는 것의 반대는 증오하는 것이 아니다. 그것은 자기 중심적인 사람이 되는 것이다.

강단에 서서 연설을 할 때 마음속으로 두려움이 생기면 나는 자리에 앉아 있는 사람들 개개인의 얼굴을 바라본다. 먼저 앞자리에 앉은 사람들의 얼굴을 바라보면서 마음속으로 이렇게 말한다.

'나는 당신을 잘 알지 못합니다. 그러나 나는 당신을 염려하고 있습니다. 그리고 당신이 승리하는 것을 보고 싶습니다. 당신은 오늘 우리가 찾고 있는 분야에 잠재력이 있는 사람으로 나는 알고 있습니다. 그리고 나는 당신을 위해 좋은 소식을 가지고 있습니다. 오늘 내가 말하는 원칙들을 귀 기울여 듣고 삶 속에 적용한다면 당신은 참으로 큰 도움을 받게 될 것입니다.'

그 다음에 내 눈은 그 다음 사람에게 초점을 맞추고 마음속으로 같은 내용을 이야기한다. 끝나면 그 다음 사람에게, 또 그 다음 사람에게…… 계속해서 그렇게 말한다.

두 번째 줄과 세 번째 줄에 시선이 멈출 때쯤이면 내 마음속에 있는 염려들은 사라진다. 나의 마음은 염려 대신 내가 그들을 돕게 될 것이라는 열정으로 가득 채워지게 되는 것이다.

이 상황에서 실제로 일어날 수 있는 가장 나쁜 일은 무엇인가?

가장 좋지 않은 일이 발생한다고 해도 그것을 해결할 수 있다는 것을 알게 된다면 자신감을 얻게 될 것이다.

이 상황에서 도움을 받기 위해 누구를 부를 수 있을까?

누가 당신의 친구이며, 당신과 잘 아는 가까운 사이의 사람들인가? 개인적으로 달성하기 어려운 일을 만났을 때 가까운 곳에서 당신을 도울 수 있는 사람은 누구인가?

평생 동안 가까이 할 수 있는 친구 명단을 갖고 살아가기를 권한다. 그리고 평생 친구 명단에 끊임없이 새로운 사람의 이름을 더해 갈 수 있기를 바란다. 가깝게 지내는 사람뿐만 아니라 아직까지 어설픈 사람의 이름도 포함해야 한다. 만약 그들과 함께 시간을 보낼 수 있다면 당신은 그들과 더 깊은 우정을 나눌 수 있게 될 것이다.

> 모른다는 것을 받아들이고
> 인정할수록
> 더 많은 것을 알게 되고,
> 더 많은 자신감을 갖게 될 것이다.

나의 이 상황과, 삶에서의 성공과 실패에 개의치 않고 나를 사랑해 줄 수 있는 친구는 누구인가?

어떤 일이 일어나든 상관없이 당신과 같이 있는 것을 좋아하고 당신을 지원하는 사람이 있다. 당신에 대한 그들의 헌신을 생각하면 자신감을 얻게 될 것이다. 그들의 사랑과 수용 없이 당신은 승리할 수 없다는 것을 깨닫게 될 것이다.

어떤 분야에서 나는 전문가의 기질을 느끼는가?

가끔 이렇게 말하는 사람들을 만나면 적잖이 당황하게 된다.

"나는 모든 허드렛일을 할 수 있습니다. 그러나 그 어떤 일도 내가 주인공은 아닙니다."

만약 당신도 그렇다면, 당신이 완전하게 알 수 있도록 한 분야에 대해 공부하라고 권하고 싶다. 자동화 기계에 대해서든, 농장을 경영하는 일이든, 어떤 주제에 대해 가르치는 것이든 무엇이든지 간에 그것을 습득함으로써 당신은 주변인의 자리에서 벗어나 영원한 자신감을 얻을 수 있게 된다.

어떠한 분야가 나의 기본적인 강점이며 은사며 재능인가?

이것을 발견하는 방법은 "과거에 내가 잘한 분야는 무엇인가?" 하고 물어 보는 것이다.

방심하지 않도록 '긍정적인 과업 수행의 목록'을 기록할 것을 권한다.

긍정적인 과업 수행의 목록

당신의 삶에서 경험한 모든 긍정적인 중대 사건들을 목록으로 기록하는 시간을 지금 마련하라. 당신을 좌절하게 하는 유혹을 받을 때마다 이 목록을 다시 보라. 의심의 물결이 몰려오거나 실망의 파도가 엄습해 올 때 감정적인 좌절에서 당신을 구할 수 있다.

무엇이 가장 큰 장점인가?

피터 드러커는 지도자들에게 이렇게 말했다.

"당신의 장점 가운데 한 가지를 분명하게 하라. 그리고 그것을 극대화하라."

네 가지 또는 다섯 가지의 장점을 가지려고 하지 말라. 그러나 한 가지 가장 큰 장점은 있어야 한다.

나 자신에 대해 가장 좋다고 느낄 때 무엇을 할 것인가?

이 활동에 내가 포함되어 있다는 것을 극대화할 수 있는가? 할 수 있다면 그것을 어떻게 할 수 있는가?

개인적인 성장에서 삶의 어떤 부분에 흥미를 느끼고 있는가?

개인적으로 성장하고 있을 때 사람들은 비로소 자신감을 갖는 경향이 있다. 반대로 성장이 멈추면 자신감을 잃는다.

내 삶의 초점은 무엇인가?

진정으로 원하는 것, 미래에 되고 싶은 것을 위해 '16. 삶의 초점 도표'를 이용하라. 당신이 오랜 시간에 걸쳐서 어떤 사람이 되고 싶고, 어느 곳을 가고 싶은지 알게 된 것은 언제인가?

이 내용을 알고 있다는 것은 현재 당하고 있는 염려와 소용돌이를 극복하고 자신감을 갖는 데 도움을 준다.

꼭 기억할 것!

미래가 염려되거나 자신의 능력에 의심이 생길 때 자신에게 이렇게 물어 보라.

- 염려스러운 상황이나 자신감이 부족한 상황에서 나는 너무나 자기 중심적인 사람은 아닌가?
- 이 상황에서 실제로 일어날 수 있는 가장 나쁜 일은 무엇인가?
- 이 상황에서 도움을 받기 위해 누구를 부를 수 있을까?
- 나의 이 상황과, 삶에서의 성공과 실패에 개의치 않고 나를 사랑해 줄 수 있는 친구는 누구인가?
- 어떤 분야에서 나는 전문가의 기질을 느끼는가?
- 어떠한 분야가 나의 기본적인 강점이며 은사며 재능인가?
- 무엇이 가장 큰 장점인가?
- 나 자신에 대해 가장 좋다고 느낄 때 무엇을 할 것인가?
- 개인적인 성장에서 삶의 어떤 부분에 흥미를 느끼고 있는가?
- 내 삶의 초점은 무엇인가?

아는 것과 바르게 질문하는 것은 자신감 넘치는 리더십을 계속적으로 증대시킬 것이다.

CREATIVITY

7
창조성

다음의 질문에 답해 보라. 1에서 10까지 단계를 나눈다면 당신은 어디에 해당되는가?

- 당신의 창조력은 어느 정도인가?
- 당신이 원하는 창조력은 어느 정도인가?

두 숫자의 차는 어느 정도인가? 이제 다음의 질문에 답해 보라.

- 문제를 해결하는 당신의 능력은 어느 정도인가?
- 당신은 예술가적 기질을 얼마나 가지고 있는가?

지도자에게 창조력이란 어떤 문제에 직면하든 새로움과 문제 해결 능력을 가져다주는 힘이 된다고 나는 믿는다. 지도자의 문제 해결 능력 안에서 창조성의 참된 모습이 발견된다.

따라서 위의 질문에 대한 답변에서 문제 해결 능력에 많은 점수를 주었다면, 비록 예술가적 기질의 점수가 낮다 해도 당신은 진실로 창조성에서 뛰어나다고 할 수 있다.

사람들은 일반적으로 예술가적인 능력과 창조성을 동일한 것으로 생각하는데, 사실은 그렇지 않다. 실제로 예술가들은 어떤 것을 창조하기보다는 복사하는 것이 더 많다. 그림 그리기나 색칠하기와 같은 것을 생각해 보라. 예술가들은 복사를 매우 기술적으로 하는 것이다.

그러므로 창조적이 되려면 예술가적 기질이 있어야 한다는 것은 근본적으로 잘못된 생각이다. 만약 당신이 개인적인 관계(판매나 생산, 컴퓨터, 계획 수립 등) 문제를 수월하게 해결해 간다면 당신은 충분히 창조적인 사람이다.

계속해서 이야기를 나누기 전에 당신이 최근에 가장 창조적인 열망을 나타낸 한 가지 일에 초점을 맞출 것을 부탁하고 싶다. 새로운 개념의 소금 병이거나 새로운 타입의 자동차일 수도 있고, 새로운 빌딩의 디자인이거나 새로운 판매 프로그램, 당신이 원하는 디자인이나 바느질하기에 관한 논문이 될 수도 있다. 무엇이든지 간에 그것은 당신이 새롭고, 색다른 방법으로 만들기를 원하는 그 어떤 것이다. 그래서 사람들은 그것을 바라보며 "얼마나 창조적인가!" 하고 말하게 되는 것이다.

다음의 질문을 통해 당신의 창조적인 능력을 강화하기를 바란다.

나는 창조적이기 위한 태도를 갖추고 있는가?

관심 분야에서 당신은 이미 최고의 아이디어를 갖고 있다고 믿고 있는가? 아니면 아직도 발전을 더 해야 한다고 생각하는가?

최근 미국 특허국의 한 감독의 이야기를 들은 일이 있다. 1800년대에 감독은 중개인들과 가까이 지냈다고 한다. 최고의 아이디어들은 이미 특허가 되었다는 믿음 때문이었다. 당신도 그렇게 믿고 있는가? 가장 좋은 것이 이미 나왔다고 믿고 있는가, 아니면 아직 나오지 않았다고 확신하는가?

> 나에게 특별한 재능은 없다. 다만 열정적인 호기심이 있을 뿐이다.
> – 알베르트 아인슈타인

내가 창조성을 적용하기를 원하는 분야에서 필요한 것은 무엇이며 문제가 되는 것은 무엇인가?

당신이 규명한 창조적 과업을 필요나 문제로 다시 말할 수 있는가? 그리고 당신의 문제 해결 기술로 그것을 간결하게 해결할 수 있는가? 필요는 창조의 어머니다.

창조력을 위해 필요를 어떻게 문제로 표현하고, 간단하게 문제를 해결할 수 있는가?

> 제한은 창조성에 절대적으로 필요하다. 한계에 대한 반응으로 창조적 활동은 존재한다.
> – 롤로 메이, 『변화의 용기』 중에서

예전에 『기억의 책(The Memories Book)』을 출판한 일이 있다. 많은 사람이 책의 내용이 매우 창조적이었다고 했다. 이 책에는 부모와 할머니, 할아버지들이 삶의 다양한 관점에 대한 기억을 기록하기 위한 600여 개의 질문에 답변을 쓰게 되어 있다. 이러한 것은 자녀와 손자들에게 말할 수 없이 큰 가치를 지닌 글로 기록된 유산이 되는 것이다.

처음에 『기억의 책』은 내 아내의 연세 많은 할머니, 프랜시스 슈프 때문에 시작되었다. 할머니는 저녁 시간이나 한밤중의 수없이 많은 시간을 잠을 이루지 못하고 외롭게 보내고 있었다. 나는 문제를 보았고, 그것을 풀기 위해 일했다. 이러한 해결책은 다른 사람들의 흥미를 끄는 개념이었다.

마음이나 생각 속에 '이것을 위한 해결책이 있어' 라는 요구나 문제가 끓어오를 때 바로 이것이 창조성을 개발하기 위한 바른 토양이라는 것을 인식해야 한다. 요구와 문제를 깊이 회상해 보라. 바른 해결은 당신을 크게 성장시킨다.

이러한 요구의 근원적인 해결을 찾기 위해 처음부터 시작해야 하는가? 아니면 내가 따라야 할 본보기나 모델이 있는가?

최소한 인간의 창조성을 말하는 데는 확연히 다른 두 가지 스타일이 있다. 이 두 가지 스타일은 모두 가치가 있고 받아들일 만하며, 효과도 비슷하다.

독창적인 창조성 : 독창적인 창조성은 전에 한 번도 본 일이 없이 해결에 도달하려는 과정을 말한다. 이런 해결은 간단한 것이어서 그냥 이용하기만 하면 된다. 독창적인 창조성이 있는 사람은 보통 어떤 문제의 해결을 위해 '깨끗한 종이'를 받는 것을 더 좋아한다(때로는 그렇게 주장하기도 한다). 이들은 눈에 보이는 정답을 찾으며, 스스로 해결책을 세운다. 전에 시도해 본 경험이 있거나 이미 본 아이디어는 신선하지 않으므로 자동적으로 폐기해 버린다. 이들은 아무도 해보지 않은 특별한 패턴을 원하며, 어떻게 하면 독창적으로 할 수 있을지를 찾는다.

적응적 창조성 : 적응적 창조성은 이미 존재하는 모델이나 두세 가지 접근 방법 가운데 취하는 과정을 말한다. 그리고 그것을 상황에 맞추는 것이다. 다른 사람에게 배우고, 그들의 아이디어를 자신을 위해 사용한다. 어떤 문제를 해결할 때 적응적인 창조성이 있는 사람은 이와 비슷한 문제의 해결책이 있는 것을 선호한다(강하게 의존하기도 한다). 그의 태도를 한마디로 표현하면 "왜 바퀴를 재생하지 않는가?"이다.

나의 관점을 어떻게 확장할 수 있을까?

'생각을 넓히는 질문'(23쪽)을 다시 보라. 일시적으로 상황에 적응함으로써 문제에 접근할 수 있다. 질문은 때때로 새로운 선택을 하고, 새로운 가능성을 열고, 새로운 해결을 찾는 쪽으로 우리를 인도한다.

예를 들어, 100달러를 사용할 수 있는 어떤 문제를 풀려고 노력한다고 하자. '생각을 넓히는 질문' 가운데 하나는 "만약 무제한의 예산을 사용할 수 있다면 어떤 변화가 생길까?" 하는 것이다. 1,000달러 또는 100만 달러의 돈이 있다면 전에 고려해 보지 않은 전혀 색다른 다양한 해결책을 규명해 볼 수 있겠는가? 그런 후에 당신이 추구할 수 있는 100달러 버전의 몇 가지 방법을 발견할 수 있게 될 것이다. 물론 당신은 현실 세계로 돌아온다. 그러나 새로운 가능성을 볼 수 있는 확장된 관점과 함께 오게 된다.

관점을 확장하기 위한 새로운 생각은 당신이 할 수 있는 많은 선택을 살펴보기 위한 60초의 시간(혹 4~5분 정도)을 갖는 것이다. 그것들이 가지고 있는 약점에 대해서 지금은 염려하지 말라. 그저 단순하게 많은 양을 검토해 보라. 당신이 가지고 있는 해결책으로 인해 스스로도 놀라게 될 것이다.

> 어떤 것이 단순할 때 단순하게 그것을 지켜라!

훈련만을 위해서가 아니라 창조적인 생각들과 브레인스토밍(아이디어들)을 기록하기 위해 두꺼운 노트를 준비하라. 큰 문제에는 두꺼운 노트가 필요하다.

이러한 문제와 요구에 실제로 많은 시간을 사용할 가치가 있는가?

문제를 확실하게 하는 것은, 더욱이 당신이 찾고 있는 문제의 해결책을 확실하게 하는 것은 당신의 시간을 가치 있게 한다. 그리고 당신의 정신에 힘을 더해 준다.

문제나 필요에 대해 어떻게 느끼는가?

때때로 필요나 해결책에 대한 느낌을 인식하는 것은 해결을 위한 다른 창조성에 접근하는 원동력이 된다.

이 문제를 이미 해결한 사람은 누구인가?

바퀴를 다시 발명해야 할 필요는 없다. 그러나 타이어는 계속해서 바꾸어야 한다.

이 문제를 창조적으로 해결하는 데 도움을 줄 수 있는 사람은 누구인가?

당신이 이 문제를 쉽게 해결할 수 있도록 도와 줄 수 있는 사람 가운데 가장 창조적인 사람은 누구인가? 이 문제 때문에 더 이상 앞으로 나가지 못하게 되었을 때 그에게 전화를 걸라. 통화를 하는 데는 5분 정도의 시간이면 충분할 것이다. 문제를 분명하게 설명하고 몇 가지 창조적인 조언을 구하라. 그에게 몇 가지 창조적인 대안을 기대해도 좋을 것이다.

이것을 해결하면 정말로 '큰 승리자'가 될 수 있는가?

창조적인 해결책 가운데 어떤 것은 단지 10달러의 가치밖에 안 되지만 어떤 것은 100만 달러의 가치를 갖는 것도 있다. 10달러 가치의 아이디어에 시간과 정력을 많이 사용하려고 하지 말라. 대신에 큰 것을 규명하고 당신 자신을 그것에 투자하라.

마지막으로 항상 기억해야 할 것이 있다.
'당신이 생각하는 것보다 당신은 창조성에서 아직 멀리 있다.'

창조의 기쁨과 여정

노력으로 얻은 지식의 빛 아래에서 행복한 업적이란 거의 과정의 문제로 보인다. 지적인 학생이라면 누구라도 큰 어려움 없이 그것을 잡을 수 있다. 그러나 강한 열망과 함께 어둠 속에서 찾는 염려의 세월들, 자신감의 교체, 극도의 피로감, 그 후에 마지막으로 나타나는 빛…… 이러한 것들을 경험한 사람만이 창조의 기쁨을 이해할 수 있다.

— 알베르트 아인슈타인

| 꼭 기억할 것! |

창조적 능력에 대해 의심이 들 때마다 자신에게 다음과 같은 핵심적인 질문을 던져 보라.

- 나는 창조적이기 위한 태도를 갖추고 있는가?
- 내가 창조성을 적용하기를 원하는 분야에서 필요한 것은 무엇이며 문제가 되는 것은 무엇인가?
- 이러한 요구의 근원적인 해결을 찾기 위해 처음부터 시작해야 하는가? 아니면 내가 따라야 할 본보기나 모델이 있는가?
- 나의 관점을 어떻게 확장할 수 있을까?
- 이러한 문제와 요구에 실제로 많은 시간을 사용할 가치가 있는가?
- 문제나 필요에 대해 어떻게 느끼는가?
- 이 문제를 이미 해결한 사람은 누구인가?
- 이 문제를 창조적으로 해결하는 데 도움을 줄 수 있는 사람은 누구인가?
- 이것을 해결하면 정말로 '큰 승리자'가 될 수 있는가?

바르게 질문하는 것을 통해 자신감 넘치는 리더십을 계속적으로 증대시킬 수 있다.

Decision Making

8

의사 결정

지도자는 대개 끊임없이 의사 결정을 해야 한다. 결정과 관련된 것은 항상 복잡하기 때문에 모든 복잡한 것을 다루고 당면한 많은 문제를 풀어야 한다. 결정과 관련하여 생각할 것은 언제, 어디서, 무엇을, 어떻게, 누가, 왜, 얼마나 등인데 동시에 결정까지 해야 한다.

당연히 이처럼 복잡한 것들을 고려해야 한다. 그러나 무엇보다도 가장 먼저 해야 할 것은 '무엇(What)'이라는 질문과 관련된 것을 분명하게 규명하는 일이다. 가장 단순한 형태는 대개 이러하다. 내가 결정하려고 하는 것은 도대체 무엇인가? 선택할 수 있는 사안은 무엇인가? 결정의 핵심을 뽑아낼 수 있다면 당신은 올바른 관점에서 관계된 것들을 살펴볼 수 있을 것이다.

이 문제를 계속 진행하기 전에 먼저 자신에게 질문하라. 내가 오늘 내려야 할 결정 가운데 가장 중요한 것은 무엇인가? 아마도 당신은 다음과 같은 결정들 가운데 직면하게 될 것이다. 휴가를 가야 하는가? 결혼을 해야 하는가? 직업을 바꾸어야 하는가? 새로운 이익을 추구해야 하는가? 이 사람을 고용해야 하는가? 이 사람을 해고해야 하는가?

그것이 어떠한 결정이든지 간에 결정에 접근할 때 다음에 소개하는 질문을 기억하고, 결정을 내리는 과정에 관한 새로운 관점들을 탐구하라(그 결정에 중대한 위험이 포함된다면 '29. 위험 감수'를 찾아 읽어라. 이 단원이 큰 도움을 줄 것이다).

이 상황에서 가장 관련이 깊고 검증된 다섯에서 열 가지의 사실은 무엇인가? 이 상황에서 내가 세울 수 있는 가장 근본적인 가정은 무엇인가?

생각을 정리하고, 단순한 가정에서 이미 검증된 사실을 구별하라. 가정이란 아직 검증되지는 않았지만 진실일 것이라고 생각되는 것을 말한다. 가정은 결정을 내리는 데 불안한 토대가 될 수도 있다.

검증된 사실 : 지난달에 길 건너편에 있는 집이 X원에 팔렸다.
가정 : 내 생각에 이미 팔린 그 집의 이웃에 있는 집들도 역시
    X원에 팔릴 것이다.

위원회와 함께 일하면서 알게 된 사실이 있는데, 많은 사람들이 결정과 관련된 사실을 파악하기도 전에 미리 결정을 내리곤 했다. 이

러한 방식은 건강한 결정을 내리는 원칙을 가장 자주 무시하는 일이다. 마음속에 지금 결정해야 한다는 생각, 이 일을 마감해야 한다는 생각, 이 문제를 처리해야 한다는 생각이 다소간 자리를 잡고 있기 때문이다. 무엇인가 결정되지 않은 상황이 스트레스가 되어 어떤 사실도 명확하게 파악하기 전에 빨리 결정을 내려야 한다는 것을 우리의 마음이 강요하는 것이라고 할 수 있다. 사람들은 대개 열일곱 가지의 사실과 세 가지의 예감이 아니라 세 가지 사실과 열일곱 가지의 예감을 기초로 해서 결정을 한다.

1년 동안 수백 번도 넘게 피터 드러커의 말을 인용할 수 있는 좋은 경우를 만난다.

"한 번이라도 사실을 분명히 한다면 당신의 결정은 도약을 할 것이다."

그러므로 사실들을 찾아야 한다.

결정인가? 아니면 도피인가?

성공적인 선택에서 결정의 빠르기는 중요한 요소가 아니다. 사실 덥석 내리는 결정은 결정이 아니고 도피다. 비록 섬광처럼 빛나는 대단한 선택처럼 보여도, 그것은 진정으로 문제가 포함된 것을 잡아 해결하기보다는 솜씨 좋게 다른 대안을 가로챈 것에 불과하다.

— 조이스 브러더스 박사

이 결정은 관련된 사람들에게 어떤 영향을 끼칠까?

중요한 역할을 하는 사람은 누구인가? 그 밖에 누가 영향을 받게 되는가? 다른 부서에 속한 사람들인가? 당신의 배우자나 아이들인가?

이 결정의 장기적인 효과는 무엇인가?

이 결정은 지금부터 1년 동안 사람들에게 어떻게 영향을 주게 될까? 지금부터 5~10년 동안 주게 될 영향은 무엇인가? 어린아이가 집을 떠나게 될 때까지 주게 될 영향은 무엇인가? 내가 은퇴를 하게 될 때까지 주게 될 영향은 무엇인가?

결과적으로 결정을 내릴 때 거꾸로 할수록 좀더 빠르게 접근할 수 있다.

> 당신이 선택하는 환경에 주의하라……
> 그 환경이 당신을 만들 것이다.
> 당신이 선택하는 친구들을 조심하라……
> 당신도 그들과 같이 될 것이다.
> — W. 클레멘트 스톤

이 결정에는 어떠한 합법적·도덕적·윤리적 문제들이 포함되어 있는가?

이 요소들에서는 분명해야 하는데, 특별히 많은 돈과 시간과 에너지가 소요되고, 많은 사람에게 영향을 주게 되는 중대한 결정이라면 더욱 그렇다.

세 가지 범주의 서로 다른 점들을 이해하라. 내가 알고 있는 한 합법적이란 성문화된 법에 기초하는 것이다. 도덕적이란 도덕적 규범이나 진실에 기초하는 것이고, 윤리적이란 상식적인 경제 표준과 같이 한 지역이나 문화에서 표준으로 받아들여지는 것을 말한다. 법을 어기면 불법이 된다. 상식이나 관례를 어기면 비윤리적이 된다.

이러한 용어를 조사하고, 결정을 하는 과정에 적용하라. 당신이 내리는 어떤 결정은 합법적이기는 하지만 비도덕적일 수 있고, 윤리적이기는 하지만 비합법적일 수도 있다.

이 결정에 포함된 기본적인 문제들을 기록하였는가?

생각하는 모든 것을 노트에 기록하는 것은 매우 유용하다. 결정이 크면 클수록 기록은 더욱 유용할 것이다.

이 결정과 관련하여 생각을 넓히는 질문은 무엇인가?

다시 말하지만, '생각을 넓히는 질문'(23쪽)을 다시 살펴 보라.

이 결정과 관련된 경향은 어떤 것인가?

이미 언급했듯이, 모든 것은 상황이라는 맥락에서 의미를 갖는다. 경향이란 당신이 건강한 결정을 내리는 상황을 설정하는 데 도움이 되는 하나의 방도다. 경향이 변할 때 상황도 변한다. 그리고 당신이 고려하는 각각의 사실들이 갖는 의미도 변한다. 당신이 내린 중요한 결정과 관련된 경향은 무엇인가? 가격이 올라가고 있는가 아니면 내려가고 있는가? 수요가 증가하고 있는가 아니면 감소하고 있는가? 민원이 줄어들었는가 아니면 점점 늘어나는가?

미련이 남아 있는 다른 질문이 있는가?

마음속에 염려가 되거나 속으로 무시한 질문들이 있을 수도 있다. 그러한 것이 있으면 공개적으로 드러내고, 중요한 결정을 내리기 전에 반드시 다루어야 한다.

마지막으로 충분한 관점을 위해, 중요한 결정을 해야 하는 상황에 직면하게 될 때마다 다음에 소개하는 질문 목록을 사용할 것을 권하고 싶다.

중대한 결정을 내리기 전에
던져야 할 25가지 질문

주의 : 이 목록에 있는 모든 질문이 모든 상황에서 도움이 되는 것은 아니다. 다만 중요한 결정을 고려하거나 확신하기 전에 심각하게 고려해 봄으로써 당신을 도울 수 있을 것이다.

다음의 질문들은 앞 장에서 언급한 질문들에 덧붙여서 물어 볼 수 있는 질문들이다.

1_ 한 문장으로 핵심을 표현하라. 내가 직면하고 있는 결정은 무엇인가? 무엇이 가장 '근본적인 것' 인가?
2_ 원인이나 증상을 다루고 있는가? 수단인가 또는 목적인가?
3_ 지금의 상황을 맑은 정신으로 생각하는가? 중요한 결정을 내릴 수 없을 정도로 육체가 피로해 있지는 않은가?
4_ 이러한 상황에서 무엇이 가장 이상적인 해결책이 될까?
5_ 결정을 내릴 때 외부의 조언을 구하고 있는가?
6_ 이 상황에서 결정을 내리는 일에 당신을 압박하는 숨겨진 일정이 있는가? 있다면 그것은 무엇인가? 왜 '우리' 가 또는 '그 사람' 들이 변화를 원하는가?
7_ 이러한 결정을 내리는 데 감정을 움직이는 자원은 무엇인가?
8_ 이 상황에서 내가 결정을 내리는 데 가장 신뢰할 수 있는 세 가지 조언이 있다면 무엇인가?

9_ 이 상황에서 포괄적인 결정은 간다 또는 안 간다는 소수의 속내의 결정과 더불어 몇 개의 부분으로 나누어질 수 있는가?
10_ 그 결정에 잠재되어 있는 나의 생각들 가운데 가장 핵심적인 가정은 무엇인가? 내가 확신하는 비용은 무엇인가? 내가 확신하는 유익은 무엇인가?
11_ 누가? 무엇을? 언제? 어디에서? 왜? 어떻게? 얼마나 많이?
12_ 이러한 결정이 내 마음속에 자리를 잡을 수 있도록 자신에게 24시간의 시간적인 여유를 주었는가?
13_ 이 결정은 과거에서부터 가치를 지속해 왔는가? 아니면 방향이나 표준에서 변화가 있었는가?
14_ 이 결정이 우리의 전체적인 계획에 어떻게 영향을 미치는가? 이 결정이 우리를 탈선하게 하지는 않는가?
15_ 이 결정은 나의(우리의) 핵심적인 강점을 극대화하는 데 도움이 되는가?
16_ 비슷한 상황에서 비슷한 결정을 내린 사람들이 얻은 결과를 검토했는가? 또한 이것을 면밀하게 검토했는가?
17_ 이 결정에 대해 내가 정말로 느끼는 것은 무엇인가?
18_ 예산이 두 배로 든다면 나는 이 결정을 어떻게 할 것인가? 절반만 든다면? 다섯 배로 든다면? 10분의 1만 든다면? 필요한 인원이 두 배로 든다고 해도 같은 결정을 내릴 수 있는가? 인원이 절반만 든다면 어떻게 할 것인가?
19_ 이 결정을 수행하지 않게 된다면 어떤 일이 일어나는가?
20_ 이 결정을 수행하지 않게 된다면 바꿀 수 있는 다른 결정 세 가지는 어떤 것이 될 것인가?

21_ 이 결정을 수행하는 시기로 지금이 적절한가? 지금이 아니라면 왜 그런가? 그러면 언제가 가장 좋은가?

22_ 이 결정은 우리가 직면하는 상황에 범위와 규모 면에서 적합한가? 권총으로 토끼를 잡거나 BB총으로 코끼리를 잡는 것이 가능한 일인가?

23_ 가족들은 나의 결정에 대해 어떻게 느끼고 있는가? 이 결정은 가족에게 어떻게 영향을 주는가?

24_ 이 결정으로 풀리지 않는 문제는 무엇인가?

25_ 이 결정은 미래에 일어날 수 있는 비슷한 상황에서도 정책을 수립할 수 있게 하는가?

꼭 기억할 것!

중대한 결정에 직면하게 될 때마다 이 단원을 열고 다음의 질문을 스스로에게 던져라.

- 이 상황에서 가장 관련이 깊고 검증된 다섯에서 열 가지의 사실은 무엇인가? 이 상황에서 내가 세울 수 있는 가장 근본적인 가정은 무엇인가?
- 이 결정은 관련된 사람들에게 어떤 영향을 끼칠까?
- 이 결정의 장기적인 효과는 무엇인가?
- 이 결정에는 어떠한 합법적·도덕적·윤리적 문제들이 포함되어 있는가?
- 이 결정에 포함된 기본적인 문제들을 기록하였는가?
- 이 결정과 관련하여 생각을 넓히는 질문은 무엇인가?
- 이 결정과 관련된 경향은 어떤 것인가?
- 미련이 남아 있는 다른 질문이 있는가?

결정해야 할 시간이 되었을 때 스스로에게 물어보는 것은 당신의 리더십에서 자신감을 증진시키는 데 도움을 준다.

DELEGATING

9
위임

최근에 빠르게 성장한 한 회사의 최고 책임자와 이틀 간 같이 지낸 적이 있다. 그는 거의 탈진 상태가 되어 있었다. 왜 그런 것일까? 지난 수년 간 회사가 계속해서 성장했음에도 불구하고, 많은 짐을 다른 사람에게 위임하지 못하여 그의 책임이 점점 더 가중되었기 때문이다.

지도자가 탈진해서 고통을 당하는 모습을 볼 때 나는 다음과 같이 질문한다.

"당신은 직원을 세울 만한 능력이 있습니까?"

그리고 나서 또 다음과 같이 묻는다.

"당신은 주변에 있는 사람들에게 무거운 짐을 나눌 수 있는 권리를 갖고 있습니까?"

이 질문에 당신은 어떻게 대답하겠는가?

내가 소신을 가지고 믿고 있는 내용을 소개한다.

'리더십 능력을 결정하는 데 위임 능력은 당신이 소유한 천부적인 지식보다 더 중요하다.'

이 말에 동의하는가?

재능이 아주 훌륭한 사람이 있었다. 그러나 그의 능력은 오직 혼자서 하는 것이었다. 재능은 앞사람보다 떨어지지만 다른 사람을 움직이고 함께 일하는 방법을 알고 있는 사람이 있었다. 그는 재능이 많은 사람이 혼자 일하는 것에 비해서 열 배에서 열다섯 배의 성과를 달성하게 되었다.

이는 마치 혼자서 미식 축구 게임을 하려는 능력 있는 쿼터백 선수와, 재능은 좀 덜하지만 앞과 뒤에 있는 선수들을 잘 이용하여 게임을 하려는 쿼터백 선수의 차이와 같다. 재능은 조금 부족해도 이 게임의 승리는 후자에 속한 선수가 차지하게 될 것이다.

> 당신이 할 수 있는 일의 80%를 다른 사람이 할 수 있는데도 혼자서 그 일을 하고 있다면, 그것은 시간을 낭비하는 것이다.

지속적으로 자신에게 다음의 질문을 던지는 지도자는 현명한 사람이다.

"이 상황에서 어떻게 하면 직원들에게 적절한 힘을 나누어 줄 수 있을까?"

마크 트웨인은 이것을 재미있게 표현하였다.

"어떤 것도 결코 배우지 말라. 그러면 언제나 당신을 위해서 일해 줄 사람을 찾게 될 것이다."

'오늘의 할 일' 목록을 펼쳐 보라. 당신이 할 수 있는 일의 80%를 다른 사람도 할 수 있는 것은 어떤 것인가? 그 일을 오늘 다른 사람에게 위임하라.

정확하게 필요한 것이 무엇인가?

이 질문은 가치에 대해 묻는 것처럼 들린다. 그러나 그렇지 않다. 다른 사람에게 일을 부탁하기 전에, 당신이 원하는 것이 무엇인지를 정확하고 분명하게 형상화해야 한다.

왜 필요한가?

위임할 때 그 일을 왜 해야 하는지 설명할 수 있어야 한다. 당신은 이렇게 생각할 수도 있다.

"글쎄요, 나는 사람들에게 무엇인가를 지시할 때 왜 그것을 해야 하는지 말하지 않습니다. 그냥 하라고만 하지요. 그리고 그 사람이 일을 다 마치기를 기대합니다."

물론 당신은 회사의 사장이다. 당신은 사람들에게 당신이 원하는 일을 시키고, 왜 그 일을 그 사람이 해야 하는지를 설명하지 않아도 될 것이다. 그러나 그것은 많은 시간을 값으로 지불하는 것과 같다.

어떤 사람에게 당신이 원하는 것을 설명하지 않고 당신을 위해 무엇을 사달라고 하는 것은 불가능한 일이다. 당신이 원하는 것을 잘 알고 있을 때 비로소 당신에게 적합한 것을 찾게 될 것이다. 그러한 것을 찾지 못했다면 그는 돌아와서 이렇게 말할 것이다.

"사장님, 그런 것이 없습니다."

언제 필요한가?

이 과업을 언제 마쳐야 하는가? 사람들은 목적을 달성하고 끝내는 것을 좋아한다. 다른 사람들보다 특별히 더 좋아하는 사람도 있다. 마감 일을 정하지 않고 살아가는 사람이 있는 반면에, 날마다 일이 진행되는 과정을 측정하고 보기를 원하는 사람도 있다. 궁극적으로 모든 사람이 결론을 원한다고 하더라도, 그에게 다음에 할 것이 무엇인지 알려 주어야 한다. 위임을 하는 경우에는 그 일이 무엇인지 정의하고, 마감이나 마치는 시간을 정해 주어야 한다.

가장 적절한 사람은 누구인가?

분명히 말하지만 위의 질문들에 대한 대답을 얻게 될 때까지 이 일에 가장 적합한 사람을 쉽게 고를 수 없을 것이다.

어떻게 잘할 수 있는가?

어떻게 하면 이것을 철저하게 잘할 수 있을까? 당신은 10분간의 일을 원하는가? 열 시간을 원하는가? 아니면 열흘을 원하는가?

이 일에 드는 비용을 공급하는 것이 가능한가?

책임을 할당할 때, 이 일을 수행하는 데 필요한 재정적인 비용도 할당해야 한다. 돈이 없는데 비용이 비싼 사람에게 일을 주었다면 당신은 곧 문제에 휘말리게 될 것이다.

이 일을 수행하는 데 어떤 훈련이 필요한가?

일을 안전하고 편안하게 할 수 있는 사람에게 맡겨야 한다.

직원들에게 책임을 할당할 때, 각각의 사람들이 쉽게 할 수 있는 과업을 색깔별로 분류하고 사람들에게 물어 보라.

"이 업무에 대해 당신은 어떻게 느끼고 있는가? 빨간색인가? 노란색인가? 아니면 파란색인가?"

파란색의 의미는 이러하다.

"나는 이 일에 평안함을 느낍니다. 이 일을 전에도 해보았습니다. 문제가 없을 것입니다. 믿으셔도 됩니다."

노란색의 의미는 다음과 같다.

"이 일을 하려니 조금 염려스럽습니다. 그러나 할 수 있을 것입니다. 문제가 생기면 당신에게 달려가겠습니다."

빨간색의 의미는 이것이다.

"나는 전에 이 일을 해본 적이 없습니다. 나는 이 일로 인해 압박을 느끼고 있습니다. 그리고 이 일을 어떻게 시작해야 할지 모르겠습니다."

빨간색의 대답을 듣는다면 그에게 필요한 훈련을 시켜야 한다. 당신이 이 일을 행함으로써 그에게 모델이 되어야 할지도 모른다.

이 일을 행한 사람으로부터 어떠한 보고서가 필요한가?

이 일이 완전히 끝났을 때 당신은 이 일에 대해 얼마나 알기를 원하는가? 완전하게 작성된 보고서를 원하는가? '28. 보고'를 읽어 보라.

이 일에 대해 알고 있는 사람 가운데 누가 필요한 사람인가?

당신이 업무를 할당한 사람들은 어쩌면 팀으로 일해야 할지도 모른다. 만약 그렇다면 당신은 팀이 해야 할 일을 확실하게 해야 한다.

아직 끝나지 않았다면, 무엇이 이 일을 잘할 수 있게 할 것인가?

어쩌면 이 과업은 지금 우선순위에서 밀려 있을지도 모른다. 이것이 우선적으로 이루어지지 않는다면 직원들에게도 같은 결과를 미치게 될 것이다.

당신의 리더십 유형은?

전문가형 리더는 자신이 가장 적합한 자원이라고 확신한다. 행정가형 리더는 자신의 역할은 이 일에 가장 적합한 사람을 찾는 것이라고 확신한다.

전문가형 리더는 자신이 스스로 초안을 작성하여 준비하는 것을 좋아한다. 그리고 다른 사람에게 검토하게 하거나 개선하게 한다. 그러나 행정가형 리더는 다른 사람에게 초안을 작성하게 하고 자신이 검토를 하거나 개선하는 것을 좋아한다.

당신의 리더십은 어느 유형인가? 당신의 리더십 방식을 찾아 보라. 그리고 다른 사람의 리더십 방식이 당신과 다르다고 해서 당황하지 말라.

> **꼭 기억할 것!**
>
> 책임을 다른 사람에게 위임해야 하는 경우, 다른 사람이 어떻게 했는지 알고 싶을 때, 이 단원을 펴고 자신에게 질문하라.
>
> - 정확하게 필요한 것이 무엇인가?
> - 왜 필요한가?
> - 언제 필요한가?
> - 가장 적절한 사람은 누구인가?
> - 어떻게 잘할 수 있는가?
> - 이 일에 드는 비용을 공급하는 것이 가능한가?
> - 이 일을 수행하는 데 어떤 훈련이 필요한가?
> - 이 일을 행한 사람으로부터 어떠한 보고서가 필요한가?
> - 이 일에 대해 알고 있는 사람 가운데 누가 필요한 사람인가?
> - 아직 끝나지 않았다면, 무엇이 이 일을 잘할 수 있게 할 것인가?
>
> 바르게 질문하는 것을 통하여 자신감 넘치는 리더십을 계속적으로 증대시킬 수 있다.

DEPRESSION

10

좌절감

모든 사람이 때때로 좌절감을 경험한다. 좌절감은 사람에게서 희망을 앗아가고, 무기력하게 하고, 슬픔에 잠기게 한다. 좌절감에서 벗어나기는 매우 힘들다. 그러나 좌절감에서는 빨리 벗어날수록 좋다.

당신은 이렇게 말할지도 모른다.

"그래서 무엇이 새롭단 말이오?"

그러나 다시 말하지만 좌절감에서 빨리 벗어날수록 좋다는 말은 분명한 진리다. 아니 매우 심오한 진리다. 좌절감이 공격해 올 때 그것을 제거해야 한다. 가능하면 빠를수록 좋다.

그러나 어떻게 할까? 좌절감을 극복하고, 떨치고 일어나게 하는 핵심적인 것은 무엇인가?

> 때때로 좌절감은
> 인간적으로 피하기 어렵다.
> 지속적인 좌절감은 위험하다.

오늘 당신은 이 세상의 정상에 올라 있을지도 모른다. 그러나 앞으로 6개월 또는 2년 뒤에 좌절감에 직면하게 될 때 이 단원의 내용을 완전히 이해하고 비장의 무기로 사용하게 되기를 바란다. 또한 좌절감에 빠진 친구들에게 나누어 줄 수 있는 자원으로서 이 원칙들을 잘 간직할 수 있기를 바란다.

좌절감을 느낄 때마다 스스로에게 다음과 같이 질문하라.

나는 왜 좌절하는가?

이것은 너무나 뻔한 질문이므로 조금 바꾸어서 말해 보도록 하자. 이 좌절감에서 내가 얻게 될 유익한 점은 무엇인가?

이 질문이 당신을 놀라게 했는가? 어떤 사람이 솔직하게 말하는 대신 이렇게 말했다고 하자.

"이봐요, 나는 지금 인정받고 싶어요. 나는 안정이 필요합니다."

누군가가 당신의 좌절한 상태를 인정해 주고 당신에게 관심을 가져 주기를 바라고 있는가? 그렇다면 당신은 더 이상 어리석은 사람이 아니다. 자신에게 솔직하라.

오늘 나를 무겁게 한 특별한 것이 있는가?

그것의 목록을 만들어 보라. 그리고 모든 것을 거기에 확실하게 기록해 보라.

누군가에게 화가 나 있는가?

누군가 때문에 정말로 화나고 실망한 일이 있는가? 이 사실을 그 사람에게 말해 주고 싶은가 아니면 그의 가슴을 치고 싶은가?

어쩌면 당신은 속에 있는 분노를 표현하는 것이 불가능할지도 모른다. 그래서 다른 사람을 칠 수 없으니까 정신적으로 자기 자신을 치고 있는 것이다. 좌절감은 뒤를 이어 일어나는 행위이기 때문이다.

오늘 누구에게 화가 나 있는지를 찾아 보라. 그 사람의 이름을 적어 보라. 그가 당신에게 어떤 일을 했든지 간에 최선을 다해서 그 사람을 용서하라. 용서는 화가 원인이 되어 생기는 좌절감을 절대적으로 치료하는 힘이 된다.

정신적으로나 신체적으로 피곤해 있는가?

피곤함은 때때로 희망을 잃게 하기도 하고, 자신을 무기력한 사람처럼 느끼게 만들기도 한다. 이러한 문제의 도움을 받기 위해 '14. 피로'를 보라.

"좌절감이 올 때 휴식하라!"

너무나 많은 변화를 빠른 시간에 경험했는가?

경험에 의하면 좌절은 때때로 우리가 경험하는 지속적이고 마음을 무겁게 누르는 변화로 인해 방향 감각을 상실하게 되었을 때 오는 결과다. '4. 변화'에 나오는 질문들이 당신을 도울 수 있다.

나의 상황을 장기적인 관점에서 보는가?

장기적인 관점에서 상황을 보는 능력을 갖기를 희망하라. 현재 가지고 있는 힘에 의존해야 할 필요는 없다. 수세기 전에 세르반테스는 이렇게 말했다.

"사람이 경험하는 난국은 하나님께서 주시는 호기(好氣)다."

미래에 대한 분명하고 의미 있는 목표가 있는가?

분명하고 의미 있는 목표는 좌절감을 없애 준다. 다음주까지 읽을 책을 정하는 것과 같이 간단한 목표도 괜찮다. 결단력 있는 행동은 결코 변하지 않거나 개선의 여지가 없다고 느껴지는 것들까지도 극복할 수 있게 한다.

의미가 있는 장기적인 목표를 세우는 것은 목표에 도달하도록 도움을 줄 것이다. 예를 들면 다음과 같은 것들이다.

"지금은 필요한 돈이 나에게 없지만 1년 후에는 그 돈을 갖게 될 것이다."

과거의 어떤 사건들이 지금의 나에게 힘이 되는가?

'긍정적인 과업 수행의 목록'(76쪽)이 당신을 도울 수 있다. 그 목록이 없다면 지금 자리에 앉아서 새로운 것을 만들라. 기록된 것은 모두 당신이 올바르게 처리한 일들인가?

큰 좌절감에 빠진 한 친구가 내게 전화를 했다. 그와 한동안 이야기를 나눈 후에 나는 이렇게 말했다.

"이보게, 자네가 잘한 일이 굉장히 많은데?"

"그렇게 생각해? 그러면 내게 하나만 말해 주게."

나는 그에게 종이와 연필을 준비하라고 한 후 10분 정도 통화했다. 이 10분은 그의 영혼이 느끼는 감정적 분위기를 바꾸는 시간이다. 우리는 그가 한 일들 가운데 바르게 한 일 마흔세 가지를 쉽게 기록할 수 있었다. 결국 그는 자신이 인생을 허비한 것이 아니며 앞으로 더 성공적으로 살 수 있을 것이라는 사실을 깨닫게 되었다.

나는 가끔씩 이러한 경험을 하는 편이다. 내가 용기를 잃으면 아내 셰릴은 나의 '긍정적인 과업 수행의 목록'을 볼 것을 제안한다. 그렇게 하면 나는 다시 미래에 대한 희망과 새로운 관점을 갖게 된다. 과거의 일들은 사라지고 미래가 다가오는 것이다. 그리고 현재는 희망이 있다.

지금 나를 격려해 달라고 어떤 친구에게 전화를 걸 수 있을까?

가깝게 지내는 친구에게 전화를 걸어서 이렇게 말하는 것은 잘못이 아니다.

"이보게 친구, 나는 지금 낙심하고 있네. 자네의 격려가 필요해."

비록 작은 일이라고 해도 지금 내가 할 수 있는 긍정적이고 특별한 일은 무엇인가?

때때로 자신이 무력하다는 느낌은 당신이 온전하게 마칠 수 없는 일들이 매우 많다고 생각할 때 찾아온다. 그러한 느낌이 오면 종이를 꺼내서 당신이 한 일 가운데 '잘한 것'의 목록을 50가지 또는 70가지 아니면 생각나는 대로 기록하라. 당신은 이렇게 말할 수 있을 것이다.

"이 모든 것을 이번 주까지 다 한다는 것은 불가능해. 그러나 이 일들 가운데 한두 가지 특별한 일은 완성할 수 있어. 비록 적은 일이지만 말이야."

자세히 적고, 빠른 시간 안에 할 수 있는 일을 시작함으로써 기록된 목록들을 완성해 갈 수 있다. 나머지 삶에 압박당하지 않음으로써 희망은 다시 세워지고 좌절감도 극복할 수 있다.

모든 상황에서 잠시 떠나는 것이 필요한가?

비록 한 시간이더라도 모든 것에서 잠시 떠나는 그때가 바로 희망을 다시 세우는 시간이다. 그러므로 언제 어디로 떠날 것인가를 즉시 결정하라. 그리고 필요한 휴식의 시간을 가져라.

지금 나는 어떤 사람에게 의미 있는 선물을 줄 수 있을까?

좌절감은 때때로 자기 중심적인 데서 온다. 지금 좌절감을 느끼고 있다면 내가 하는 이러한 말을 들을 필요가 없다고 느낄 것이다. 그러나 때때로 좌절감에서 벗어날 수 있는 가장 좋은 길은, 어떤 사람이 원하거나 그에게 필요한 의미 있는 것을 찾아서 그것을 주는 것이다. 자신에게 초점을 맞추는 것을 버리고 다른 사람에게 초점을 맞추어야 한다.

어쩌면 당신에게 가장 필요한 것은 과거에 당신이 다른 사람에게 충분히 주지 못한 것일지도 모른다. 예를 들어 지금 격려가 필요하다고 느낀다면 당신 자신에게 이렇게 물어 보라.

"나는 최근에 다른 사람을 격려한 일이 있는가?"

꼭 기억할 것!

미래에 좌절감을 극복해야 할 때 이 단원을 펴서 스스로에게 다음과 같은 비판적인 질문을 던져라.

- 나는 왜 좌절하는가?
- 오늘 나를 무겁게 한 특별한 것이 있는가?
- 누군가에게 화가 나 있는가?
- 정신적으로나 신체적으로 피곤해 있는가?
- 너무나 많은 변화를 빠른 시간에 경험했는가?
- 나의 상황을 장기적인 관점에서 보는가?
- 미래에 대한 분명하고 의미 있는 목표가 있는가?
- 과거의 어떤 사건들이 지금의 나에게 힘이 되는가?
- 지금 나를 격려해 달라고 어떤 친구에게 전화를 걸 수 있을까?
- 비록 작은 일이라고 해도 지금 내가 할 수 있는 긍정적이고 특별한 일은 무엇인가?
- 모든 상황에서 잠시 떠나는 것이 필요한가?
- 지금 나는 어떤 사람에게 의미 있는 선물을 줄 수 있을까?

바르게 질문하는 것을 통하여 자신감 넘치는 리더십을 계속적으로 증대시킬 수 있다.

DISCIPLINE

11
훈련

모든 사람이 날씬한 몸매를 원한다. 그러나 고통스러운 다이어트를 원하는 사람은 한 명도 없다. 모든 사람이 많은 돈을 원한다. 그러나 열심히 일하려고 하는 사람은 많지 않다. 많은 사람이 잘 정리된 화단과 정원을 갖고 싶어한다. 그러나 풀을 뽑는 것을 좋아하는 사람은 거의 없다.

훈련이란 진정으로 원하는 것을 얻을 수 있는 수단이다. 그러나 원하는 것을 분명하게 알고, 그것을 얻기 위해 훈련에 힘쓴다고 해도 여전히 훈련받는 일에는 흔들리는 경우가 많다. 이제 내가 무엇을 말하려고 하는지 알 수 있을 것이다.

한 번은 사람들의 이러한 말 때문에 충격을 받은 일이 있다.

"훈련은 당신의 문제가 아니다. 동기 부여가 문제다."

훈련과 동기 부여는 동전의 양면과 같다. 동기를 부여 받으면 훈련은 문제가 아니다. 동기 부여가 부족할 때 훈련이 항상 문제가 되는 것이다.

예를 들어 당신이 학교 선생님인데 그 반에 문제 학생이 있다. 그런데 가만히 살펴본 결과 야외로 현장 학습을 가는 날이나 놀이 동산에 가는 날에는 그 학생이 문제를 일으키지 않는다는 사실을 발견할 수 있었다.

그러므로 이 장에서는 훈련에 대해서는 말을 덜하고 훈련을 증가시키게 될 동기 부여에 대해 좀더 말하게 될 것이다.

당신이 삶에서 좀더 훈련받고 싶은 분야는 무엇인가? 그 분야가 무엇이든 만약 당신이 자신에게 '나는 더 훈련해야 한다. 나는 더 훈련해야 한다. 나는 더 훈련해야 한다' 는 식으로 말하면서 문제에 접근한다면, 내가 예언하건대 당신은 계속해서 갈등 속에서 헤매다가 결국 크게 실망하게 될 것이다. 그러나 만약 적절한 동기를 찾을 수 있다면 당신의 삶에서 원하는 그 분야에 훈련은 자연적으로 생기는 부산물이 될 것이다.

훈련의 문제를 하룻밤 사이에 풀 수 있는 만병통치의 마술을 제공하는 것 같은 잘난 척을 하기 전에 내가 알고 있는 전쟁과 같은 훈련을 고백하고 싶다. 그것은 나의 삶에서 경험한 여러 분야에서의 투쟁이다. 나는 사람이 완전한 몸매를 갖는 것, 완전한 잔디밭을 갖는 것, 완전한 삶을 산다는 것에는 쉬운 길이 없다는 것을 알고 있다. 훈련은 결코 쉬운 일이 아니다.

그러나 다음에 소개하는 질문들이 동기를 분명하게 함으로써 훈련을 증가시켜 준다는 사실을 발견하게 되었다.

미래를 이끌어 가는 명확한 목표가 있는가?

'5. 의사 소통'에서 살펴본 것과 같이 모든 결정에서 가치나 가격을 정해 보아야 한다. 가치에 비하여 비싸면 값을 지불하지 않는 것이 당연하다.

훈련도 마찬가지다. '왜 이 일을 해야 하는가' 하는 질문에 적절한 대답을 하지 못하면 조금도 더 진전할 수가 없고, 목적에서 벗어난 과외 활동을 거절할 수도 없다. 오직 이 훈련을 통해 내가 달성하기를 원하는것을 머릿속에서 분명하게 새길 때만 이 훈련은 가치가 있다. 훈련은 목적이 아니다. 원하는 것을 얻기 위한 수단이다. 원하는 것이 분명하지 않다면 분명하지 않은 그것을 얻기 위한 훈련도 원치 않게 될 것이다.

당신이 세운 목표는 긴급하고, 생생하고, 분명한

> 열심히 일하는 것이 성공의 열쇠라면
> 대부분의 사람들은
> 자물쇠를 비틀어 열 것이다.
> － 윌리엄 글래드스턴
>
> 당신이 좋아하는 일을 택하라.
> 그러면 당신의 생애에서
> 일하는 날이 단 하루도 없을 것이다.
> － 공자

가? 그 목표를 달성하기 위해 오늘 '아니오'라고 할 수 있는가? 목표가 분명하지 않거나 미래의 어떤 목표도 없다면 훈련은 당연히 느슨해질 수밖에 없다.

목표 달성에 대한 이유를 진정으로 이해하고 있는가? 내게 영감을 주기 위해 그 이유를 가까이 두고 있는가?

당신은 이렇게 말할 수도 있다.

"내가 진정으로 원하는 것은 새로운 보트다. 그래서 보트를 사기 위해 절약을 훈련하고 있다."

그것은 당신의 목표다. 그런데 왜 새로운 보트를 원하는가? 강가에서 낚시를 하며 특별한 평화와 만족을 얻기 원하기 때문일 수도 있고, 호수에서 수상스키를 타면서 특별한 흥미를 얻기 위함일 수도 있다. 사람들에게 보트를 보여 주면서 당신이 얼마나 크게 성공한 사람인지를 보여 주기 위함일 수도 있다. 이유가 무엇이든지 간에 훈련에서는 '무엇' 보다 '왜' 가 정말로 중요하다.

나는 개인적으로 성장하고 있는가?

개인적인 성숙에 대한 감각을 가지고, 지난달에 비해 또는 작년에 비해 좀더 나은 사람이 되려고 할 때 계속적인 성장을 위한 특별한 훈련을 요구하게 된다.

내 삶의 어떤 부분이 훈련되지 못했는가? 왜 그런가?

당신의 삶에서 약한 부분을 지적해 보라. 그리고 사실을 검토하라. 정확하게 말해서 당신이 한 일은 무엇이며 실패한 일은 어떤 것인가?

내 삶의 특정 부분이 훈련되지 못했다면, 그 부분을 발전시키지 못하거나 회복하지 못했을 경우에 일어날 수 있는 가능성 있는 결과는 무엇인가?

몸무게를 줄이기 위한 운동 계획을 실행하지 못한다면 심장마비가 일어날 가능성이 있는가? 돈을 저축하는 일을 시작하지 않으면 내년 여름에 환상적인 여행을 착수할 수 있겠는가?

알아주는 사람이 없어도 계속 훈련할 수 있는가?

훈련이 다른 사람들이 지켜보기 때문이라거나 당신을 존경해 주는 일 때문이라면 훈련은 지속될 수 없다. 주변에 사람이 전혀 없을 때도 혼자서 훈련의 발걸음을 떼어야 하는 경우가 많다. 훈련의 동기는 반드시 당신 내부에서 일어나야 한다.

어떻게 하면 목표를 달성할 수 있도록 한 단계씩 훈련에 접근해 갈 수 있을까?

수영을 한다면 매번 수영 시간이 얼마나 단축되었는지 기록하라. 다이어트를 한다면 최소한 이틀에 한 번씩은 몸무게를 달아 보라.

습관을 만드는 데는 6주가 걸린다.
우리 대부분은 목표를 매우 빨리 포기한다.

---

11. 훈련

상호 격려를 위해 나와 한 팀이 될 수 있는 사람은 누구인가?

내가 일했던 회사의 부회장은 습관적으로 이렇게 말하곤 했다.

"혼자야, 당신은 혼자라고. 그러나 두 사람은 팀을 만들지."

만약 혼자서 다이어트를 한다면 혼자서 꿈을 꾸고, 혼자서 목표를 세우고, 혼자서 계획을 짜야 한다. 진정으로 혼자인 것이다. 훈련의 단계는 크게 점프를 하는 것처럼 보인다. 그러나 좌절하거나, 용기를 잃거나, 압박을 당하게 될 때 당신 이외의 한 사람에게서 도움을 받아야 한다.

당신이 무엇을 원하고 왜 원하는를 기억하게 해줄 누군가가 필요하다. 계속하라고 격려해 줄 사람이 필요하다.

꼭 기억할 것!

미래에 당신이 훈련하는 일에 게을러졌다고 느끼면 이 단원을 펴서 자신에게 다음과 같은 비판적인 질문을 던져라.

- 미래를 이끌어 가는 명확한 목표가 있는가?
- 목표 달성에 대한 이유를 진정으로 이해하고 있는가? 내게 영감을 주기 위해 그 이유를 가까이 두고 있는가?
- 나는 개인적으로 성장하고 있는가?
- 내 삶의 어떤 부분이 훈련되지 못했는가? 왜 그런가?
- 내 삶의 특정 부분이 훈련되지 못했다면, 그 부분을 발전시키지 못하거나 회복하지 못했을 경우에 일어날 수 있는 가능성 있는 결과는 무엇인가?
- 알아주는 사람이 없어도 계속 훈련할 수 있는가?
- 어떻게 하면 목표를 달성할 수 있도록 한 단계씩 훈련에 접근해 갈 수 있을까?
- 상호 격려를 위해 나와 한 팀이 될 수 있는 사람은 누구인가?

바르게 질문하는 것을 통하여 당신에게 동기를 부여할 수 있으며 훈련을 강화할 수 있다. 그리고 자신감 넘치는 리더십을 계속적으로 증대시킬 수 있다.

DREAMING

12
희망

당신은 비전이 있는 사람인가?

논의를 위해 단순하게 말하면, 비전 또는 꿈이란 마치 최근에 당신의 요구가 채워진 것처럼 당신이 인생을 바라보는 관점을 이루려고 하는 것과 같다. 비록 아직 존재하지 않는다고 해도 그것을 특별하게 만들기 위해 바라본다면 당신은 비전이 있는 사람이다.

희망은 동기 부여의 자석과 같다. 어려움을 겪을 때 희망은 당신을 끄는 힘이 된다.

희망은 개인에게도 필요하지만 한 회사나 조직의 차원에서도 필요하다. 과거를 반성하지 못하고 미래의 가능성을 깊이 있게 검토하지 못하는 회사가 현재의 상태를 지속한다는 것은 불가능하다.

당신이 한 회사 또는 한 조직체의 리더라면 자리를 마련하여 직원들과 함께 20년 후의 회사를 상상해 보라. 그리고 자신에게 이렇게 물어 보라. 팀으로서 미래의 20년에 도전하기 위해 반드시 준비해야 할 일은 무엇인가?

지금부터 20년 후에 더욱 활력이 넘치는 회사로 존재하기를 원한다면 오늘 다가오는 현실을 준비하는 시간을 가져야 한다.

희망을 명확하게 하기 위해 다음의 질문을 던지고, 현실 속으로 옮겨라.

오늘 하다가 죽어도 좋을 만한 목표나 주장이나 꿈이 있는가?

오늘 가장 심각하게 염려하는 것은 무엇인가? 당신이 지금 하거나 계속 할 수 있기를 원하는 것은 무엇인가? 그것을 이루기 위해 강해지기를 바라는 분야는 어떤 것인가? 그것을 위해 죽을 수도 있다면 남은 생애 동안 장기간에 걸쳐서 당신이 보기를 원하는 것은 무엇인가?

당신의 전 생애를 투자하는 희망은 당신만의 것이 아니다. 당신의 희망은 사람들이 꿈을 이룰 수 있도록 도울 수도 있다. 당신의 생각을 나눌 때 그것은 도움이 된다.

지금 가장 강력하게 필요한 것은 무엇인가?

모든 질문을 규명해 볼 때 당신에게 가장 큰 욕구는 무엇인가? 이것이 당신의 희망의 출발점이다. 욕구가 넓으면 넓을수록, 깊으면 깊을수록 희망의 잠재력은 점점 더 높아진다.

욕구가 없다면 희망도 없다. 그러므로 희망이 없다면 먼저 욕구를 찾아야 한다. 욕구를 인식하고, 그것을 생각하라. 욕구를 이루기 위해 당신을 헌신하라. 그것을 계획하라. 그러면 당신은 희망을 가진 것이다.

꿈을 이루기 위하여 어떤 일을 준비했으며 지금 어떤 지위에 있는가?

이러한 요소는 흔히 '독특한 시장의 지위'라고 불린다. 당신이 진정으로 원하는 것이 무엇인지를 규명해야 할 뿐만 아니라 배경, 훈련, 그 외의 다른 요소들을 규명해야 한다. 당신은 그 어떤 것을 이루기 위한 독특한 사람이기 때문이다.

첫째로는 나 자신을 보기 위하여, 그 다음은 나와 함께 볼 수 있는 사람들을 얻기 위하여 나는 내 모든 인생을 통하여 노력했다. 사업에서 성공한다는 것은 사물을 볼 때 나와 같은 눈으로 보는 사람을 얻는 것이라고 할 수 있다. 본다는 것은 …… 목표를 뜻한다.
가능한 넓게 보려는 감각을 가진 나는 시각형의 사람이다.

— 존 W. 패터슨, 내셔널캐시레지스터 재단

당신이 다른 대륙의 배고픈 어린이들에게 깊은 관심이 있다고 하자. 그러나 당신은 그 곳에 직접 갈 수도 없고 도움을 제공할 수도 없다. 당신이 또한 실제적으로 도울 수 있는 당신이 살고 있는 도시의 가난한 어린이들에게 깊은 관심이 있다고 하자.

'당신이 누구인가, 어디에 있는가, 당신이 가진 자원은 무엇인가'로 당신이 갖게 된 독특한 기회는 무엇인가?

> 사람들은 1년 동안 할 수 있는 일에 대해서는 과대평가하는 경향이 있다.
> 그리고 5년 동안 할 수 있는 일에 대해서는 과소평가한다.
>
> — 테드 W. 엥스트롬 박사

꿈을 실현하는 데 장기간 관련된 것은 무엇인가?

희망을 실현하기 위해 일을 한다면 지금부터 50년, 100년, 500년 후에는 무엇이 달라질까?

정신적으로 승자와 패자 사이에는 다른 점이 있다. 승자는 크게 승리하는 것에 초점을 둔다. 단지 '어떻게 하면 이길까?'가 아니라 '크게 이기는 것'을 꿈꾼다. 그러나 패자는 다르다. 패자는 단지 잃는 것에 초점을 맞추는 것이 아니라 그럭저럭 해 나가는 것에 초점을 맞춘다.

계속해서 자신에게 질문을 던져라. 목숨만 부지할 것인가, 성공할 것인가, 아니면 그 분야에서 중요한 인물이 될 것인가? 단순히 살아남기 위해 투쟁을 하는가? 성공하기를 꿈꾸는가? 아니면 진정으로 중요하고 의미 있는 인물이 되기 위해 노력하는가?

모시 로젠은 희망을 이루기 위한 좋은 도구로 정신적인 훈련에 필요한 한 문장을 가르친다.

만약 내가 _____ 했다면

나는 _____ 했을 텐데……

만약 당신이 원했다면 무엇이든지 했을 것이다. 당신이 요구할 수 있는 모든 자원(무제한의 시간, 무제한의 돈, 무제한의 정보, 무제한의 직원)이 있다면 당신은 무엇을 하겠는가? 이 질문에 대한 당신의 답변이 곧 당신의 희망이다.

계획한 것보다 100배 더 성공한다면 어떻게 할 것인가?

다른 말로 하면 준비하라는 것이다. 만약 당신의 계획이 폭발적인 성장을 이루게 된다면 당신은 이 꿈과 같이 머물 수 있는 길을 찾아야 한다.

자신에게 생각을 넓히는 질문을 했는가?

생각을 넓히는 질문(23쪽)은 당신이 해결하기 원하는 요구를 해결하는 길에 대해 새로운 관점을 가르쳐 줄 것이다. 이 질문들은 예전에는 알지 못했던 새로운 가능성과 선택을 분명하게 하는 일을 당신 안에서 일어나게 한다.

대개 회사나 조직체, 속한 부서에서는 총체적으로 새로운 해결이 필요한 주제에 관하여 각자가 아이디어를 내놓아 최선의 것을 찾는 브레인스토밍을 한다. 그 목록을 만들고 그것을 우선시하라.

그 다음에 한 번에 한 분야씩, 한 번에 한 프로젝트만, 한 번에 한 단계씩, 각각에 대해 생각을 넓히는 질문을 던져라.

새로운 개념과 꿈을 자극하기 위해 과정을 이용해야 한다. 그렇지 않으면 본성적인 것, 주관적인 것, 매일매일의 전망이라는 덫에 걸려 과정을 몰수당하게 될지도 모른다.

희망을 세울 때 이것이 좋을 것 같다는 당신의 생각보다는 올해 어떤 것이 더 나았는지를 찾을 수 있어야 한다. 당신의 생각보다 좀 더 생산적이고, 좀더 이윤이 있고, 좀더 인기가 있는 어떤 것을 찾아라. 어떻게 하면 다음해에 100배를 더 생산할 수 있는지 질문하라. 피터 드러커는 그것을 이렇게 말한다.

"올해의 뜻밖의 성공을 다음해의 기회로 보라."

가능성에 대한 희망을 가져라.

다른 사람의 객관적인 관점이 내가 잃어버린 가능성을 보도록 도와줄 수 있는가?

총체적으로 새로운 해결을 찾을 때 때때로 객관성이 있는 외부의 전문 인사가 중요한 역할을 하는 경우가 있다. 솔직히 말하면 몇 가지의 새로운 질문, 새로운 경청, 신선한 시선은 '땅 위에 놓여 있는 금 덩어리'를 발견하는 것이다.

과거의 성공 모델들은 지금의 나에게 무엇을 말해 줄 수 있는가?

마지막으로 당신이 혼자서는 이룰 수 없는, 가능성이 없다고 할 정도로 큰 꿈을 그려 보라는 의욕을 심어 주고 싶다. 올해에, 앞으로 10년 동안에, 아니 일생 동안 달성할 수 없을 정도로 큰 꿈을 품으라. 가치가 있는 큰 꿈을 가지고 도전하라.

여러 해 동안 경영자와 같이 일해 오면서 알게 된 것이 있다. 사람들은 근본적으로 칭찬을 좋아한다는 것이다.

"당신은 참 능력 있는 사람입니다."

그러나 앞으로 100년쯤 뒤에 우리가 살았는지 죽었는지에 대해 관심을 갖는 사람이 몇 명이나 있겠는가? 명성은 허망하다. 당신은 하는 일을 통하여 얻게 되는 명성을 초월할 만큼 커다란 꿈을 가져야 한다.

대부분의 사람이 아직 채 계발하지 않은 커다란 잠재력을 가지고 있는데, 그것은 자신에게 그처럼 커다란 능력이 있다는 사실을 깨닫지 못하기 때문이다. 아니면 삶의 환경이 그러한 것을 요구하지 않았기 때문이다. 꿈을 가지고 출발하고, 그 꿈을 간직하라. 당신의 꿈이 침침해지거나 희미해질 때마다 이러한 질문들을 다시 오랫동안 생각해 보고 당신의 비전을 가다듬어라.

> 리더들과 같이 일하는 가운데
> 나는 가끔 자신에게 묻는다.
> 저 사람은 꿈이 있는가?
> 아니면 꿈이 사람을 만드는가?
> 결론은 두 가지 모두 진리다!

꼭 기억할 것!

희망을 조정하거나, 초점을 다시 맞추거나, 개선해야 할 때 이 단원을 다시 펴서 자신에게 다음과 같은 질문을 던져라.

- 오늘 하다가 죽어도 좋을 만한 목표나 주장이나 꿈이 있는가?
- 지금 가장 강력하게 필요한 것은 무엇인가?
- 꿈을 이루기 위해 어떤 일을 준비했으며 지금 어떤 지위에 있는가?
- 꿈을 실현하는 데 장기간 관련된 것은 무엇인가?
- 계획한 것보다 100배 더 성공한다면 어떻게 할 것인가?
- 자신에게 생각을 넓히는 질문을 했는가?
- 다른 사람의 객관적인 관점이 내가 잃어버린 가능성을 보도록 도와 줄 수 있는가?
- 과거의 성공 모델들은 지금의 나에게 무엇을 말해 줄 수 있는가?

바른 질문을 알고 바르게 질문함으로써 자신감 넘치는 리더십과 당신의 꿈을 세우게 될 것이다.

FAILURE

13
실패

넌더리난다는 느낌을 알고 있을 것이다. 세상 모든 사람이 당신이 실패했다는 사실을 알고 있고, 당신은 혼자의 힘으로 일어나야 한다고 생각해 보라.

지금까지 살면서 가장 큰 실패는 무엇인가? 당신의 지혜롭지 못한 결정 때문에 회사가 망하는 것을 지켜본 것일 수도 있고, 이혼 경험이 될 수도 있다. 또한 시험에서 불합격하거나 평생 직장에서 해고된 것일 수도 있다.

무엇이든지 간에 그것이 원인이 되어 입은 상처를 극복한 일이 있는가? 마음속에 남아 있는 부정적인 감정과 의문을 해결했는가?

이 단원에서는 과거에 경험한 실패를 통하여 도우려고 한다. 당신에게 유익이 될 질문을 제공하고, 실패의 감정을 날려 버릴 수 있는 친구를 소개하려고 한다.

이러한 것은 미래에 유익한 질문이 될 것이다. 인생에서 새롭게 도전하는 건강한 과정을 계속하는, 성장하는 리더라 해도 어떤 점에서는 실패를 했다는 것을 알게 될 것이기 때문이다.

> 어쨌든 실수는
> 어떤 사람이 무엇인가를 하기에
> 필요한 대화조차도 중단하게
> 한다는 것이 입증되었다.
>
> – 『황금 사과들(Apples of Gold)』에서

나의 실패는 다른 사람 때문인가? 상황 때문인가? 아니면 나 자신 때문인가?

사람들은 대개 자신의 실수가 아니라 자신이 속한 상황에 실패의 책임을 전가하는 경우가 많다.

비록 지금 당신의 마음속에 실패라고 생각하는 것이 있다해도, 당신은 아마도 그것은 당신의 잘못이 아니라고 믿을 것이다. 실제로 당신은 누군가(매니저, 파트너, 친구)와 팀을 이루었고, 누구라도 그와 함께 승리하는 것은 거의 불가능하다. 이 나라에서 쉰 번째로 큰 회사의 사장이라고 해도 이 사람과 한 팀이 되었다면 아마 실패를 하게 될 것이다. 당신은 실패의 큰 부분을 다른 사람의 책임으로 돌리는 것이다.

이러한 실패가 청소년기나 청년기에 일어난 경우 때때로 이러한 것들은 진실이다. 당신은 그 일에 대해 이렇게 말할 것이다.

"나의 가장 큰 실패는 열여섯 살 되던 해에 일어났어. 나는 그때

직업이 있었는데, 사장은 내게 고함을 치고 해고한 후에 쫓아냈어."

아니면 이와 비슷한 경험을 이야기할 수 있다. 당신의 미숙함이 분명한 요인이다. 그러나 그 사람 역시 당신과 함께 책임을 나누어 질 수 있다.

이제는 젊은 사람의 감정적인 눈이 아니라 성인의 자세로 사건을 바라보라. 그리고 이치에 닿지 않는 일은 없는지 살펴보라.

당신이 처해 있는 상황도 실패의 원인이 될 수 있다. 아마도 당신은 어느 누구도 해본 일이 없는 무엇인가를 해보려고 노력했을 것이다. 불가능한 것을 목표로 삼은 것이다. 어쩌면 당신은 세상에서 가장 기술이 좋은 팀도 구제할 수 없는, 이미 너무나 멀리 나가 버린 회사의 방향을 바꾸려고 노력하는 것인지도 모른다.

사실상 실패는 당신과 함께한다. 그렇다면 자신에게 물어 보라.

"좋아, 여기서 무엇을 배웠지? 미래에 같은 실패를 계속하지 않기 위해서 무엇을 배워야 하지?"

실제로 실패했는가? 아니면 비현실적으로 세운 높은 기준에 못 미친 것인가?

실패했다고 생각하지만 완전하기를 기대했던 것은 아닌가? 때때로 우리는 비합리적으로 높은 기대와 기준을 갖는다. 그러고는 기대에 약간만 미치지 못해도 실패했다고 생각한다. 당신도 그런 적이 있는가?

만약 그렇다면 당신에게 좋은 소식을 전해 주겠다.

- 완전한 것보다는 조금 모자란 것이 낫다.
- 당신은 모든 목표에 도달하지 못한다.
- 매우 중요한 사람이 되기 위해서 완전한 사람이 될 필요는 없다.

> 나는 당신에게
> 성공을 위한 공식은 줄 수 없다.
> 그러나 실패를 위한 공식은 줄 수 있다.
> 제발 모든 일에 노력하라.
>
> – 허버트 베야르 스워프

나는 목표를 잘 세운다. 목표를 많이 세웠고 또한 그것을 이루었다. 그러나 내가 세운 모든 목표에 도달하지는 못했는데, 그것 때문에 실패했다고 느끼기도 했다. 어떠한 목표는 현실적인 감각으로 새로운 관점에서 볼 때 비현실적인 것으로 판명이 되기도 했다. 어떤 경우 그 목표가 더 이상 중요하지 않다는 사실을 분명히 알았을 때는 그것을 과감하게 처분했다.

실패와 마찬가지로 어디에서 성공했는가?

큰 실패를 경험한 사람은 상황 속에서 실제로 그들이 바르게 행한 일에 대해서도 불분명한 기억을 갖고 있는 경향이 있다. 실패라는 정서적으로 상처가 깊은 감정 때문에 그들이 잘못 행한 극히 적은 몇 가지 일들에 초점을 맞추는 것이다.

> 오직 평범한 사람들이 항상 최선을 다한다.
>
> – W. 서머셋 몸

실패의 경험을 돌이켜보면서 그래도 성공했다고 느끼는 것과 이 상황에서 바르게 행한 것의 목록을 작성해 보라.

내가 배운 교훈은 무엇인가?

아마도 어떤 일에 너무 빨리 뛰어들지 말라는 것, 다른 사람에게 지혜로운 조언을 구하는 것은 어려운 일이라는 것을 배웠을 것이다.

> 실패는,
> 실패로부터 배움이 없는 것을
> 제외하고는 실패가 아니다.
>
> – 로날드 니드나겔 박사

이러한 경험을 감사하는가?

진정으로 감사하는 어떤 것에 대해서는 분노할 수 없다. 과거의 실패로 인해서 압박당하고 겁을 먹고 있다면 실패의 경험을 감사할 수 없을 것이다. 만약 감사하고 있다면 실패를 당신의 생애에서 가치 있는 것으로 보고 있는 것이다.

감정에 계속해서 영향을 주는 큰 실패가 기억 속에서 두려운 것으로 다가온다면 들려주고 싶은 말이 있다. 그 일에 포함된 다른 사람들은 오래전에 이미 그 일을 잊었을 것이라는 사실이다.

이것은 마치 선생님은 전혀 기억이 없는데 당신만 기억하는 학창 시절의 시험과 같다. "당시 그 시험은 내가 받은 최악의 시험이었어" 하면서 실패의 경험을 기억 속으로 가져오는 것이다. 그러나 당신만이 그 실패를 기억하는 유일한 사람이다.

용서하고, 잊어버리고, 앞으로 나아가라!

어떻게 실패를 성공으로 바꿀까?

어떻게 하면 어제의 실패가 오늘날 성공의 한 부분이 될 수 있을까? 어떻게 하면 레몬을 레모네이드로 바꿀 수 있을까? 당신이 다른 사람에게 넘겨준 것에서 당신은 무엇을 배웠는가?

이제 여기에서 어디로 가야 할까?

당신의 계획은 무엇인가? 언제? 어떻게?

전에 이 길에서 실패한 사람은 누구인가? 그 사람은 어떻게 나를 도울 수 있을까?

때때로 같은 분야에서 실패한 사람과 나누는 대화는 것은 무엇이 잘못되었는지를 깨닫게 한다. 그러한 사람을 알고 있는가?

내 경험으로 다른 사람이 실패하지 않도록 어떻게 도울 수 있을까?

당신의 실패를 들려줌으로써 다른 사람들에게 도움이 되는 경고를 줄 수 있는가?

마지막으로 에이브러햄 링컨의 말을 들어보라.

> 나는 '어떻게'를 알기 위해 최선을 다한다. 그리고 그것을 마칠 때까지 한 마음을 먹는다. 만약 그 결과가 내게 옳은 것으로 나타나면 나를 공격하는 어떤 말도 나를 바꾸지 못할 것이다. 그러나 그 결과가 내게 옳지 않은 것으로 판명되면

열 명의 천사가 내가 옳다고 선언해도 나를 변화시키지 못할
것이다.

최선을 다하라. 옳다고 생각하는 것을 행하라. 그러나 당신은 모
든 일에서 승리할 수 없다. 실패를 했을 때 이 단원에 있는 질문들을
다시 살펴보고 그 질문들을 통해 실패에서 벗어나는 데 도움이 되게
하라.

┤ 꼭 기억할 것! ├

앞으로 당신이나 친구가 실패의 두려움에 빠지게 될 때 이 단원을 펴고 다음의 질문을 통해 올바른 방향으로 생각할 수 있도록 하라.

- 나의 실패는 다른 사람 때문인가? 상황 때문인가? 아니면 나 자신 때문인가?
- 실제로 실패했는가? 아니면 비현실적으로 세운 높은 기준에 못 미친 것인가?
- 실패와 마찬가지로 어디에서 성공했는가?
- 내가 배운 교훈은 무엇인가?
- 이러한 경험을 감사하는가?
- 어떻게 실패를 성공으로 바꿀까?
- 이제 여기에서 어디로 가야 할까?
- 전에 이 길에서 실패한 사람은 누구인가? 그 사람은 어떻게 나를 도울 수 있을까?
- 내 경험으로 다른 사람이 실패하지 않도록 어떻게 도울 수 있을까?

실패했을 때 성공으로 방향을 돌리게 하는 질문을 아는 것은 리더십에 자신감을 불어넣어 줄 것이다.

FATIGUE

14
피로

피로는 사람을 내성적이고 부정적으로 만든다. 자신감마저 사라지게 한다. 일반적으로 긍정적이고 자신감 넘치는 지도자라고 해도 극도의 피로 속에서는 자신에 대한 확신을 갖지 못하게 된다.

싫증나고 지치고 탈진하여 정신적으로 피로를 느끼고 있다면, 그것은 우리 할머니가 늘 말씀하신 것처럼 정신적으로 지저분하고 더러워진 상태

> 피로는 사람을 소심하게 한다.
> - 빈스 롬바르디

다. 당신은 리더십에서 요구하는 상황의 비실제적 관점을 가져야 한다. 그리고 할 수만 있다면 경쟁을 하지 말아야 한다.

여기에 있는 질문들은 피로에서 휴식으로 옮겨 갈 수 있는 관점을

얻을 수 있도록 도울 것이다.

어떻게 하면 과외로 열 시간 정도 잠을 잘 수 있는 시간을 낼 수 있을까?

아주 자주 사용되는 피로의 처방은 충분하게 휴식을 취할 수 있도록 모든 가용한 시간에 잠을 자는 것이다. 텔레비전 시청도 하지 말고, 운동도 하지 말고, 사회 활동도 하지 말고, 취미 생활도 하지 말고, 자원 봉사 활동에도 참여하지 말라.

오직 잠만 자라!

수백여 명의 경영자가 하나같이 하는 소리가 있다.

"단순히 밤에 잠을 아주 잘 자는 것만으로도 모든 것이 달라질 수 있다."

그들은 당면한 문제를 해결하고, 가장 좋은 상황을 만들기 위해서 애쓰다가 지친 사람들이다. 한밤의 좋은 휴식을 가진 후에, 지난밤에 억누르고 겁먹게 했던 문제를 다룰 수 있는 힘을 갖게 되는 것이다.

어떻게 하면 일반적인 취침 시간을 넘어서 열 시간의 취침 시간을 얻을 수 있을까? 주말에만 하려고 하지 말라. 주중에 할 수도 있다. 그러나 노력을 해야 한다. 그리고 당신의 자신감의 성장 단계를 주의하라.

무엇이 어깨를 무겁게 짓누르는가?

큰 것이든 작은 것이든 당신이 맡은 모든 책임의 완전한 목록을 만들라. 그것을 기록함으로써 잠시 동안 당신의 마음에서 내보내 종이 위에 남겨 두라. 그리고 당신은 좋은 휴식을 취하는 것이다(기록한 문제들을 다루기 위해 '25. 우선순위'을 찾아보라). 스스로에게 이렇게 말하라.

"나는 이 목록에 있는 문제들을 내일 다룰 수 있다. 오늘은 단지 잠을 잘 것이다."

지난 10년 동안 개인적으로 이러한 숙제를 수백 명의 사람들에게 개별적으로 주었다. 당신이 이 목록에 기록한 것은 평균 50~75가지가 되고, 그것 대부분이 당신이 할 수 있는 '사소한 일들'이라는 것을 알게 된다는 것은 참으로 놀라운 일이다. 피로를 느낄 때 우리는 때때로 사소한 일의 양에 눌리고 있는 것이다. 그것들 가운데 어떤 것은 쉽게 할 수 있는 일이다. 그러나 '나는 이 문제를 해결해야 한다. 그 사람에게 전화를 해야 하고, 방문해야 한다'는 생각으로 그 모든 것을 수행하려고 하는 것은 에너지를 많이 소모시켜 다른 곳으로 더 이상 진전할 수 없게 한다. 이것이 피로다.

분명하고, 의미 있고, 달성 가능성이 있는 목표가 있는가?

피로할 때 주의해야 할 것이 있다. 많은 목표를 세우지 말라. 이번 주간이나 아니면 하루에 달성할 수 있는 목표를 세워라. 피곤한 중에도 목표를 이루어 가는 과정을 알 수 있고 또 측정할 수 있는 낮은 목표를 세워라. 그 목표를 달성할 때마다 스스로에게 이렇게 말하게 될 것이다.

"나는 오늘 이것, 이것, 이것을 하는 데 실제로 성공했다."

삶에서 나의 초점은 능률 또는 효율에 있는가?

피터 드러커는 능률과 효율 대해 다음과 같이 정의했다.

"능률은 '일을 바르게 행하는 것'이고 효율은 '바른 일을 행하는 것'이다."

어떤 것이 당신의 초점인가?

일을 바르게 행하는 것에 초점을 맞추었으나 옳지 않은 일을 행하게 된다면 바쁘게 산 날의 저녁 또는 그 주간에 정말로 중요한 일을 하지 못했다는 사실을 깨닫게 될 것이다. 그러므로 스스로에게 항상 물어 보아야 한다.

"내가 하고 있는 이 일은 해야 하는 일인가?"

다시 말하지만 '25. 우선순위'가 큰 도움이 될 것이다. 당신은 75 가지 일의 목록을 들고 모두 시행하려고 할 수도 있다. 그러나 "무엇이 내가 해야 하는 일인가?'와 '무엇이 내가 좋아하기는 하지만 정말로 하지 말아야 할 일인가?'를 구별해야 한다. 두 번째 범주에 속하는 것은 목록에서 지워버리고 자신에게 이렇게 말해야 한다.

"모든 일을 마치고 잠자리에 들었을 때 나는 다시 그 일을 하고 싶어할지도 모른다. 그러나 지금 그것은 내가 해야 할 목록에서 제외되었다."

이렇게 결정을 내릴 수도 있다.

"자, 이제 나는 모든 일을 마쳤다. 마침표."

그것을 모두 잊어버려라.

자발적 활동 면에서 당신의 효율성을 평가해 보라.

"한 가지, 두 가지, 세 가지 활동 가운데 어떻게 할 때 내가 가장 크게 공헌할 수 있는가?"

정말로 잘할 수 있는 한 가지 일에 초점을 맞추라. 그리고 시간과 에너지와 돈을 가져가는 다른 일들은 모두 다른 사람에게 맡겨라.

내 몸의 건강 상태는 좋은가?

몸이 쇠약하면 어떤 일을 달성하려고 할 때 평소보다 두 배의 시간과 에너지가 소모된다.

과체중인가? 그렇다면 하루 종일 그 무게와 함께 다님으로써 과외의 에너지를 사용하는 것이다. 한 번은 친구가 이렇게 말했다.

"평균보다 몸무게가 5kg이 더 나가면 나는 상점에 가서 5kg의 설탕을 집어 든다네. 그런 다음 그게 얼마나 힘든 일인지를 느끼게 될 때까지 그것을 들고 다니며 쇼핑을 하지."

'자연적' 에너지로 사는가? '강요된' 에너지로 사는가?

원하는 일을 할 때 우리는 자연적 에너지를 사용한다. 강요된 에너지란 해야만 한다고 느끼는 것을 할 때 우리를 움직이는 에너지다. 강요된 에너지는 자연적 에너지에 비해서 사용량이 두 배나 된다.

인생에서 어떤 일을 할 때 강요된 에너지를 사용하는가? 아니면 당신이 원하기 때문에 그 일을 하는가?

개인적으로 성장하고 있다는 것을 느끼는가?

성장한다는 느낌을 가질 때 비록 피곤하다고 해도 모든 것이 좀더 흥미로워진다.

어떻게 하면 한 단계씩 장래 일에 접근할 수 있는가?

하루에 한 가지만 할 수 있다면 오늘 무엇을 할 것인가? 이번 주간에 한 가지만 할 수 있다면 어떤 일을 할 것인가? 올해에 한 가지 일만 할 수 있다면 그 일은 무엇인가?

다른 사람에게 어떤 책임을 위임할 수 있는가?

피로는 근본적으로 조직체의 문제가 될 수 있다. 피로하면 좋은 팀이 될 수 없다. 좋은 팀에서 일하는 사람은 적절한 양의 일을 할 수 있고 다른 사람에게 나머지 일을 남겨 둘 수 있다.

일의 목록 가운데 한 가지 일을 최소한 당신의 80% 정도 할 수 있는 사람이 있는가? 이러한 일을 위임하지 못하고 스스로 하는 것은 시간 낭비다('9. 위임'을 보고 어떻게 하면 효과적으로 위임할 수 있는지를 배우라).

생각을 넓히는 질문으로 자신에게 물어 볼 수 있는가?

생각을 넓히는 질문(23쪽)을 마음속에 간직하고 있어야 한다. 그 질문은 굉장히 유용하게 사용된다. 특별히 그것을 마음속에 항상 간직하고 있으면 삶에서 다양한 상황을 만날 때도 당신의 마음은 자동적으로 본래의 마음으로 돌아갈 것이다.

꼭 기억할 것!

탈진하거나 피로를 느낄 때 다음의 질문들이 새 힘을 주는 질문이 되게 하라.

- 어떻게 하면 과외로 열 시간 정도 잠을 잘 수 있는 시간을 낼 수 있을까?
- 무엇이 어깨를 무겁게 짓누르는가?
- 분명하고, 의미 있고, 달성 가능성이 있는 목표가 있는가?
- 삶에서 나의 초점은 능률 또는 효율에 있는가?
- 내 몸의 건강 상태는 좋은가?
- '자연적' 에너지로 사는가? '강요된' 에너지로 사는가?
- 개인적으로 성장하고 있다는 것을 느끼는가?
- 어떻게 하면 한 단계씩 장래 일에 접근할 수 있는가?
- 다른 사람에게 어떤 책임을 위임할 수 있는가?
- 생각을 넓히는 질문으로 자신에게 물어 볼 수 있는가?

피로를 경험하게 될 때 올바른 질문을 알고 물어 봄으로써 리더십을 향상시키게 될 것이다.

FIRING

15
해고

"해고를 당해 본 적이 있다."

참으로 끔찍한 말이다. 해고될 것 같다는 말을 듣는 것 또한 매우 끔찍한 일이다. 대부분의 경영자에게 직원들을 해고하는 것은 리더십을 발휘하는 데 매우 어려운 일이다.

어떻게 하면 바람직한 방법으로 해고를 할 수 있을까? 바람직하게 해고하는 본질적인 방법은 다음과 같은 관점을 유지하는 것이라고 믿고 있다.

'업무를 수행하는 데 실패한 사람을 직책에서 알맞게 해고하는 것은 실제로 당신이 그 사람을 실패로부터 해방시키는 것이 된다. 그리고 그 사람이 성공할 수 있는 직책을 찾을 수 있도록 자유를 주는 것이다.'

진정한 해방은 그가 새로운 모험에 참가하여 기쁨에 빠져드는 것까지도 가능하다.

이러한 관점에서 당신은 그에게 이렇게 말할 수 있다.

"내게 좋은 생각이 있습니다. 당신을 실패한 상황에서 벗어나게 하고 새롭고 좀더 나은 직책을 성취할 수 있는 과정을 내가 찾아보겠습니다."

당신은 어쩌면 내게 이렇게 말할지도 모른다.

"그러한 이상주의적인 생각으로는 한 사람도 해고하지 못할 것입니다."

실제로 수백 명의 경영자의 경험을 통하여 '해고'가 결코 쉬운 일이 아니라는 것은 알고 있다. 그러나 해고는 실패로부터 사람을 해방시키고 그가 좀더 나은 직책을 성취하기 위한 올바른 입장이라는 것을 경험으로부터 확신할 수 있다.

다음과 같은 질문이 당신에게 필요한 관점을 유지할 수 있도록 도와줄 것이다.

이 사람은 자신의 역할과 목표와 책임, 직책에 대해 분명하게 이해하고 있는가?

만약 그가 분명하게 이해하지 못하고 있다면, 그의 실행의 부족함은 당신이 원하는 것이 무엇인지를 알지 못하는 단순한 이해의 문제일 수도 있다.

만약 당신이 그 일에 대해 분명하고도 특별한 사례를 알고 있다면 누군가를 해고하는 것이 열 배나 쉬워질 것이다.

이 사람은 왜 적절하게 행동하지 않는가?

아마도 그것은 다음과 같은 것의 부족함 때문일 것이다.

훈련의 부족?

동기의 부족?

경험의 부족?

능력의 부족?

자신이 할 일에 대한 분명한 인식의 부족?

왜 그러한가? 결론을 내리기 전에 다섯 가지의 모든 가능성을 조사하라.

이 사람을 그 직책에 그대로 머물게 할 경우에 어떠한 유익이 있는가?

그 직책을 비워두지 않고 사람을 교체한다거나, 그 외의 상황을 고려하지 않고 그를 그대로 직책에 머물게 함으로써 당신이 얻을 수 있는 유익함의 목록을 만들어 보라. 그의 결점으로 인정된 여러 요소들(훈련의 부족, 경험의 부족, 능력의 부족, 동기의 부족)이 당신에게는 불리한 것이 될 수 있다.

이 사람이 직책에 머물러 있을 때 수반되는 어려움은 무엇인가?

이 사람이 이 직책에 머물러 있도록 도와준다면 그는 장차 성공할 가능성이 있는가? 만약 없다면 그를 이동시켜라. 이러한 이유 때문에 좀더 빠르면 빠를수록 더 좋은 것이다(엄지손가락의 법칙). 일단 당신이 마음속으로 '이 사람은 이 직책을 해낼 수 없다'고 결정하면,

그가 자신에게 알맞은 직책을 구하도록 한 달이라는 시간을 주어서 그를 자리에 머무르게 하기보다는 오늘 당장 해고하는 편이 더 바람직하다.

만약 그가 해야 할 일을 하지 않는다고 느끼면서도 곧바로 해고하지 않으면, 당신은 그를 그 자리에 머무르게 한 일 때문에 마음에 상처를 받게 될 것이다.

"나는 그에게 충분히 급료를 주었어. 그런데 그는 한 일이 없단 말이야."

그가 일하지 못하면서 여전히 그 직책에 있는 것에 대해 당신은 화가 날 것이고 이러한 감정은 당신의 감정을 상하게 할 수 있다.

다른 한편으로 그의 삶의 상황에 대해 당신은 민감해야 한다. 또 다른 엄지손가락의 법칙은 해고하는 직원을 당신의 아버지, 어머니, 형제, 자매가 받아야 할 대접이라고 생각하면서 다루어야 한다는 것이다.

이 사람이 떠나거나 머물게 됨으로써 어떠한 심리적인 움직임이 있는가?

이러한 질문을 해보라.

"다른 직원들이 무엇을 생각하는가?"

"해고된 사람의 부인이 경험하게 될 상실감은 어떠한가?"

"아이들에게 어떤 충격을 미칠 것인가?"

해고라는 최종적인 결정을 하기 전에 그의 장래에 관한 이러한 요소에 대해서 당신의 생각을 메모지에 기록해 보는 것이 바람직하다.

이 사람을 다른 직책으로 옮길 수 있는가? 그렇게 된다면 수반되는 유익은 무엇이며 어려움은 무엇인가?

한 회사나 조직체에서 주어진 직책을 잘 감당하지 못하는 사람이라도 다른 분야에서는 크게 성공할 수도 있다. 미식 축구를 예로 들면 쿼터백으로는 그다지 훌륭하지 않더라도 올스타의 훌륭한 수비 선수가 될 수도 있고, 반대로 올스타의 공격 선수가 될 수도 있다.

나는 이 사람에 대해 어떻게 느끼는가? 다른 부서의 사람들은 어떻게 느끼는가?

다음과 같은 느낌을 가지고 있는가? 당신 자신에게 물어 보라.

"내가 이 사람에게 화를 내고 있는가? 나의 태도는 객관적인가?"

외부 사람들(다른 직원, 다른 부서, 다른 지역의 사람들, 전문적인 상담가들)로부터 당신이 객관적인 입장을 유지하도록 도움을 받을 수 있다. 외부 사람들에게 이렇게 말하라.

"나는 이 사람에게 화가 나 있습니다. 그리고 나는 객관적인 입장을 잃게 될까 봐 두렵습니다. 내가 분명하고 올바른 견해를 가질 수 있도록 도와 주십시오."

내가 이 사람의 성공을 도울 수 있는가?

이 사람이 좀더 성공할 수 있는 다른 일을 찾는 데 당신이 관심을 가지고 있는가?

그가 떠날 것인지 또는 남을 것인지를 알기 전에 답변해야 할 터

많은 질문은 무엇인가?

잠재적인 해고에는 언제나 그 일을 방해하는, 좀처럼 없어지지 않는 몇 가지 관련된 질문들이 있는 것처럼 보인다. 이러한 것들을 기록하고 최종 결론을 내리기 전에 답변을 해야 한다.

이 사람은 어떤 인정을 받는가?

해고당했을 때 당신은 사람들에게 어떠한 평가를 받기 원하는가? 해고되는 사람이 자신이 행한 일에 대해 다른 사람들에게 '뛰어난 업적'으로 인정받는 것은 부적절하다고 느낄 것이다. 사람들은 "그가 잘했다면 왜 그를 내보내야 하지?"라고 생각하게 될 것이다. 또는 실제로 그 사람의 업적에 대해 만족하지 않을 경우에 해고가 의미하는 것은, 당신이 직원들의 업적에 전적으로 만족하기를 바란다는 사실을 암시하는 셈이 될 것이다.

그러나 당신은 그가 삶의 일부를 회사나 한 부서 또는 조직에 도움을 주기 위해 바쳤다는 것을 이해해야 한다. 어떤 일이든 그가 옳게 행동한 일들이 당신이 그를 알아볼 수 있는 계기가 되었다는 것을 이해해야 하는 것이다. 그리고 의미 있는 방법을 통하여 그에게 고맙다고 이야기할 수 있도록 노력하라.

업적보다는 그 사람의 긍정적인 태도나 인격에 관심을 갖는 것이 현명하다.

다시 한 번 말하지만 회사를 떠나는 사람을, 다른 사람들이 당신의 가족을 잘 대해 주기를 바라는 것처럼 대해 주어야 한다.

┤ 꼭 기억할 것! ├

만약 누군가를 해고를 해야 할 입장에 처했다면 분명한 관점을 얻기 위해 다음의 질문을 해보라.

- 이 사람은 자신의 역할과 목표와 책임, 직책에 대해 분명하게 이해하고 있는가?
- 이 사람은 왜 적절하게 행동하지 않는가?
- 이 사람을 그 직책에 그대로 머물게 할 경우에 어떠한 유익이 있는가?
- 이 사람이 직책에 머물러 있을 때 수반되는 어려움은 무엇인가?
- 이 사람이 떠나거나 머물게 됨으로써 어떠한 심리적인 움직임이 있는가?
- 이 사람을 다른 직책으로 옮길 수 있는가? 그렇게 된다면 수반되는 유익은 무엇이며 어려움은 무엇인가?
- 나는 이 사람에 대해 어떻게 느끼는가? 다른 부서의 사람들은 어떻게 느끼는가?
- 내가 이 사람의 성공을 도울 수 있는가?
- 그가 떠날 것인지 또는 남을 것인지를 알기 전에 답변해야 할 더 많은 질문은 무엇인가?
- 이 사람은 어떤 인정을 받는가?

누군가를 해고해야 하는 어려운 상황에서 올바른 질문을 알고 있는 것은 자신감 넘치는 리더십을 향상시키는 데 핵심적인 것이다.

GOAL SETTING

16
목표 설정

성공이란 원하는 목표를 이루었을 때 갖게 되는 감정이라고 정의할 수 있다. 그러므로 많은 지도자에게 작은 단어지만 '목표'는 곧 성공을 암시한다. 그러나 또한 다른 사람들에게는 '목표'가 감정적으로 실패와 같은 느낌을 갖게도 한다.

한 번은 지도자 세미나에서 참석한 모든 사람에게 백지를 나누어 준 후에 다음과 같은 질문에 '예'나 '아니오'로 대답하라고 했다.

"당신의 감정 체계에서 목표는 실패와 동등합니까?"

그 자리에 참석한 지도자들 중 30%가 '예'라고 대답했다.

올바른 목표의 설정은 자신감 넘치는 리더십의 중요한 요소다. 실제적인 목표가 수립된 후 그 목표에 도달하면 성공했다는 느낌을 갖게 되고, 목표 설정에 대한 전체적인 개념은 성취의 맛을 더해주게 될 것이다.

목표 설정을 해야 하는 또다른 중요한 이유는, 목표 설정을 하게 되면 매일매일 일어나는 사소한 일에 쏠리던 관심이 오랜 시간에 걸쳐서 우선적으로 해야 하는 것에 대한 것으로 바뀌게 된다는 것이다. 즉 당장에 일어난 불을 끄는 것에서 화재에 대한 예방으로 관심이 바뀌게 된다. 단순하고 시급하게 반응해야 하는 일에서 중요한 일을 다루는 것으로 관심이 변하게 된다.

이제 성공적으로 목표를 설정할 수 있도록 도와 주는, 내가 알고 있는 가장 좋은 질문을 소개하려고 한다.

모임에 내가 깊게 관심을 가지려면 무엇이 필요한가?

정서적으로 당신에게 의미 있는 영역에서 목표를 설정하라.

나의 삶의 초점은 무엇인가?

이어지는 두 쪽에는 완성해야 할 '삶의 초점 도표'가 나온다. 네 가지 범주가 있고, 각각의 범주마다 열 개의 칸이 있는데 다음을 보면서 자신에게 물어 보라.

1. 지금부터 죽을 때까지 내가 되고 싶은 사람의 됨됨이 열 가지는 무엇인가? 성공적인 아버지, 좋은 친구, 정직함, 성실함, 온순함 같은 성품들도 목록이 될 수 있다. 이 칸은 당신이 가장 중요하게 여기는 가치를 반영한다.
2. 지금부터 죽을 때까지 하고 싶은 열 가지 일은 무엇인가? 이 칸

삶의 초점 도표

내가 되고 싶은 사람의 됨됨이 열 가지	내가 하고 싶은 일 열 가지

내가 가지고 싶은 것 열 가지	내가 돕고 싶은 열 사람 또는 단체

은 당신이 성취하고 싶은 중요한 것들의 목록이 된다.
3. 지금부터 죽을 때까지 가지고 싶은 열 가지 목록은 무엇인가?
4. 지금부터 죽을 때까지 돕고 싶은 열 명의 사람이나 단체가 있다면 그것은 무엇인가?

이런 목록을 완성해 봄으로써 목표 성취를 위해 날마다 모든 일상의 삶에 좀더 깊은 의미를 가질 수 있다. 오늘부터 도표에 나타난 일생 동안 성취해야 목표를 향하여 한 걸음, 한 걸음씩 단계별로 다리를 놓아갈 수가 있다.

다음에 소개하는 도표에서는 목적, 목표와 같은 단어를 볼 수 있다. 영어로는 objective, goals, purpose로서 이 단어들은 오늘날 여러 가지 의미로 사용된다. 그러므로 당신이 속한 팀에서 계획을 수립하고 목표를 설정할 때 한 단어는 같은 의미로 사용하는 것이 중요하다.

다음의 질문과 설명은 16장에서 세 개의 용어가 어떻게 사용되었는지를 보여 준다.

왜 내가 여기 있는가(내 삶의 목적purpose은 무엇인가)?
개인적인 차원에서 '내가 왜 존재하는가?' 하는 질문은 그룹 차원의 질문으로도 물을 수 있다.
'이 회사(이 조직 또는 이 부서)는 왜 존재하는가?'
이 질문에 대한 대답은 삶의 목적에 관한 진술이다. 이것은 중요

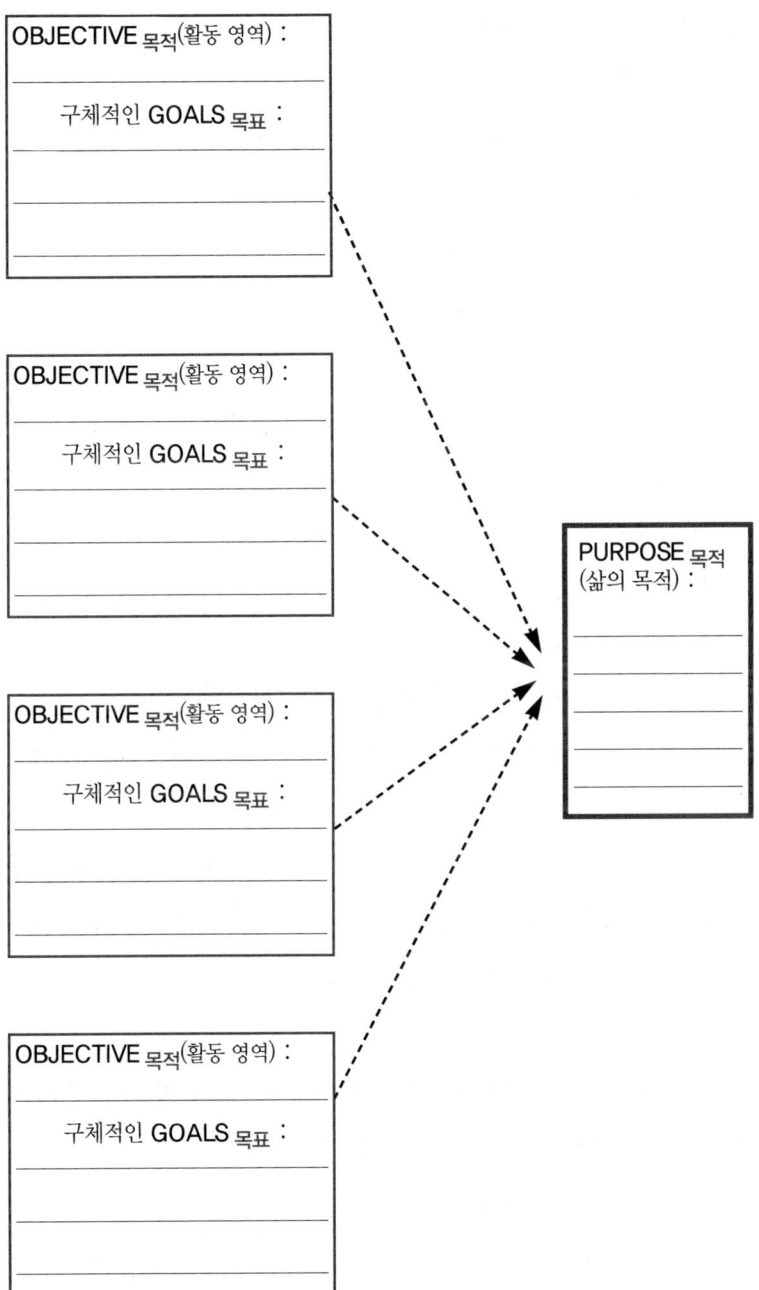

한 목표가 아니다. 오히려 북극성과 같다고 하겠다. 당신이 지향하는 어떤 것이기 때문이다.

예를 들면 나의 회사의 목적은 '우리의 고객이 가지고 있는 리더십을 극대화하는 것'이다. 이것은 수십 년에 걸쳐서 우리가 하려고 의도한 것이다. 우리는 결코 이 일을 완성할 수는 없지만 북극성처럼 언제나 방향을 제시해 준다.

앞으로 5~10년 동안 에너지를 집중해서 쏟아야 할 3~7가지 영역은 무엇인가(나의 목적objectives은 무엇인가)?

'내가 왜 존재하는가' 하는 질문에 대답함으로써 삶의 목적을 정의해 보았다. 이제 삶의 목적으로 나가기 위해 몸담고 취해야 할 행동의 범주를 결정해야 한다.

나는 이러한 활동의 넓은 영역은 전문적인 상담 서비스, 세미나, 책, 테이프같이 개인적인 성장을 돕는 자료들까지 포함하는 것이라고 믿고 있다.

개인적인 차원에서 이미 3단원에서 언급한 가족과 결혼, 재정, 개인의 성장, 신체적인 일, 직업, 사회, 영적인 일 등 인생의 일곱 가지 기본적인 영역도 목적 목록에 포함된다.

각 목적의 영역에서 올해에 해야 할 구체적이면서 뚜렷한 세 가지는 무엇인가(나의 목표goals들은 무엇인가)?

이제 구체성을 고려해 보려고 한다. 목표는 성취하려고 원하는 만큼 구체적이면서 뚜렷해야 한다. 당신은 각 목적의 영역 안에서 뚜렷한 목표들을 수립해야 한다. 그러나 목표를 과도하게 많이 세우거나 목표가 무거운 짐이 되어서는 안 된다.

다시 개인적인 차원으로 돌아가서, 삶의 일곱 가지 기본 영역 안에서 몇 개의 목표들을 만들 수 있다.

목표에 도달했을 때 당신은 성공했다고 느낄 것이다. 만약 목표에 도달하지 못한다면 성취감을 느끼지 못할 것이다. 그러나 기억할 것이 있다. 중요한 차이를 만들기 위해서 목표에 도달할 필요는 없다. 당신이 세운 목표를 절반만 이루었다고 해도 매우 중요한 일을 할 수 있다.

왜 이러한 목적이나 목표를 성취하고 싶어하는가?

목표를 설정할 때 자신에게 물어 보라.

"왜 나는 이 목표에 도달하고 싶어하는가?"

이 질문에 적절한 대답을 할 수 없다면 그 목표에 도달하기 위해 시간과 정력과 돈과 같은 부분에서 큰 대가를 치러야 할 것이다. 그것은 너무나도 큰 것이 될 것이다.

목표에 도달하지 못한다면 무슨 일이 일어날 것인가?

당신이 세운 모든 목표에 이 질문을 던져라. 때때로 목표에 도달하지 못하는 것의 결과는 비참할 수도 있다. 다른 목표들은 덜 중요한 것이다.

현실적으로 좀더 성취 가능한 목표를 세워야 하지 않을까?

다소 낮은 목표를 세워야 할지도 모른다. 목표가 무척 높아서 성취하지 못하게 될 경우에는 항상 패배감을 느끼게 되기 때문이다.

특별히 비현실적인 목표를 설정하는 경우는 다음과 같다.

(1) 한 분야에서 지금까지 입증된 실적이 없는 경우
(2) 극도의 감정 상태에 처해 있는 경우(매우 흥분하고 있어서 불가능한 것은 없다고 생각할 때)
(3) 단지 사장에게 좋은 인상만을 남기려고 하는 경우(지금부터 3개월 안에 실패할 수밖에 없는 목표에 대해서 목표보다는 결과로 사장에게 좋은 인상을 주는 것이 낫다고 생각하는 것)
(4) 자신의 분야에서 업무 수행을 잘하지 못하는 다른 사람에게 최종적인 결과를 의존하는 경우

목표를 달성하는 데 누가 나를 도울 수 있을까?

목표를 성취하려고 할 때 당신의 목표를 알고 지원해 줄 수 있는 사람은 팀의 일원이 될 수 있다.

각각의 목표에 도달할 때 나 자신에게 어떻게 보상할 것인가?

목표를 성취했을 때 당신에게 좋은 것, 즐거운 것으로 보상하라.

꼭 기억할 것!

분명하고 동기가 있으며 실현 가능한 목표를 세우기 위해서 다음의 기본적인 질문을 당신 자신에게 하라.

- 모임에 내가 깊게 관심을 가지려면 무엇이 필요한가?
- 나의 삶의 초점은 무엇인가?
- 왜 내가 여기 있는가(내 삶의 목적purpose은 무엇인가)?
- 앞으로 5~10년 동안 에너지를 집중해서 쏟아야 할 3~7가지 영역은 무엇인가(나의 목적objectives은 무엇인가)?
- 각 목적의 영역에서 올해에 해야 할 구체적이면서 뚜렷한 세 가지는 무엇인가(나의 목표goals들은 무엇인가)?
- 왜 이러한 목적이나 목표를 성취하고 싶어하는가?
- 목표에 도달하지 못한다면 무슨 일이 일어날 것인가?
- 현실적으로 좀더 성취 가능한 목표를 세워야 하지 않을까?
- 목표를 달성하는 데 누가 나를 도울 수 있을까?
- 각각의 목표에 도달할 때 나 자신에게 어떻게 보상할 것인가?

옳은 질문을 할 때 실제적인 목표를 설정할 수 있고, 성공의 느낌을 즐길 수 있으며, 자신감 넘치는 리더십도 향상된다.

INFLUENCING

17
영향력

시민 단체인 코먼코즈 창립 1주년 기념식에서 창립자인 존 W. 가드너는 정책을 결정하는 사람에게 영향을 주고 변화를 이루어내기 위해서 단체에 속한 사람들이 배워야 할 규칙을 요약했는데, 그것은 다음과 같다.

- 목표의 수를 한정하고, 목표를 이루기 위해 열심히 노력하라.
- 시민의 열정에 전문가적 첨단 기술을 더하라.
- 사람들과 동맹의 협력 관계를 세워라.
- 의사 소통을 하라.

이 근본적인 규칙을 따르고 지킴으로써 코먼코즈 원년에 25만명의(첫해의 목표는 단지 2만 5천 명이었다) 회원을 확보했고, 정부의 정책에 영향력을 발휘할 수 있는 효과적이고도 계속적인 시민의 목소리가 될 수 있었다.

정부 기관이나 사업체, 직장 동료나 친구 등 다른 사람들의 중요한 결정에 영향력을 주었던 당신의 경험은 코먼코즈가 했던 일만큼이나 성공적인 자신만의 방법이 될 수 있다.

다음의 질문들은 당신이 영향력에 초점을 맞출 수 있도록 도와 줄 것이다.

가까운 미래에 다른 사람에 의해 결정될 가장 중요한 세 가지는 무엇인가?

몇 가지 핵심적인 목표에 힘을 집중하라. 모든 잠재적인 목표에 대해 스스로에게 질문하라.

"이 결정이 5년에서 50년 사이에 미칠 영향은 무엇인가? 그러한 결정은 어떤 차이를 낳을까?"

한 가지의 결정이 2년 간의 차이를, 다른 것은 10년 간의 차이를, 또다른 것은 50년 간의 차이를 만들 수 있다.

이러한 종류의 평가는 당신이 어디에 시간과 힘과 돈을 투자해야 하는지 결정하는 데 도움을 준다.

왜 이처럼 특별한 결정을 내리는 일에 영향을 주기를 원하는가?

이것은 나의 자녀와 그들의 자녀에게 과연 좋을까? 이것은 나 자신의 인지도를 위한 것인가? 이 결정은 국가를 위한 것인가? 이 결정은 하나님에 대한 나의 신앙 때문인가? 이 결정은 단순하게 변화하는 것을 보기 위한 것인가? 왜 내가 이 문제에 그처럼 강하게 영향을 끼치기를 원하는가?

실제로 누가 이러한 결정을 내리는가? 나는 그 결정에 어떻게 영향을 줄 수 있는가?

한 그룹에 영향을 주려면 그 그룹에 속한 중요한 한두 사람에게 영향을 주는 것으로 충분하다. 그렇다면 그들은 누구인가? 어떻게 하면 그들에게 영향을 줄 수 있는가?

사람들의 최고 관심거리에 참여할 수 있는가? 어떻게 하면 그러한 참여를 할 수 있는가?

에이브러햄 링컨은 "사람들에게 어떠한 사실을 확신시키려고 하기 전에, 먼저 당신이 그들의 진정한 친구라는 사실을 확신시켜야 한다"고 말했다.

삶에서 어떤 중요한 것에 대해 마음을 바꾸려고 할 때 당신의 삶을 30초만 되돌아보라. 그러한 변화에서 친구는 도움이 될 수 있다. 우리는 친구에게서 배운다. 지지해 주는 친구가 영향을 주려고 노력할 때 우리는 변화한다.

영향을 주려고 하는 그 사람에게 당신은 진정한 친구로서 존재하는가? 만약 그렇다면 어떻게 그에게 당신의 우정을 확신시킬 수 있는가? 위선적으로 행하지 않고 진정으로 그의 편이 된다면 당신의 우정을 증명할 수 있겠는가?

때때로 당신이 영향을 주려고 하는 사람과 주도권을 잡기 위해 보이지 않는 논쟁을 하고 있는 자신을 발견할지도 모른다. 그러나 주도권 다툼이 일어날 경우, 그와 논쟁하려고 하지 말고 오히려 그가 처한 문제에 대하여 논쟁해 보라. 그렇게 하면 당신의 생각이 좀더 받아들여지는 것을 경험하게 될 것이다.

만약 그들이 틀렸다는 것을 증명하려고 한다면, 만약 당신이 원하는 것이 그들과 테이블에서 정신적인 팔씨름을 하여 그들의 손가락이 부러지는 소리를 듣고 그들이 당신에게 자비를 구하게 하려 하는 상황이라면, 당신은 저항만 받게 될 것이다. 그러나 논쟁에 대한 목적을 알게 된다면 당신은 그에게 이렇게 말할 수 있다.

"나는 당신이 왜 이 문제에 관심을 갖는지 알고 있습니다. 당신이 이 문제를 풀어 갈 수 있도록 도와 드리지요."

이렇게 말할 수 있다면 그의 반응은 긍정적이 될 것이다.

이러한 결정을 하기 전에 그들이 알아야 할 사실은 무엇인가?

피터 드러커의 말을 인용해 보자.

"사실들이 명확하면, 결정을 하기가 쉬워진다."

결정을 내리는 데 필요한 것이 무엇인지 찾아야 한다. 그리고 나서 그러한 사실들을 결정하는 사람에게 제공하라.

주어진 과제를 다했는가?

한 번은 여러 개의 벤처 회사를 보유한 보험 투자가(그는 30~50개 직책이 있었다)에게 물어 보았다.

"훌륭한 증권 거래를 하기 위한 비밀은 무엇입니까?"

그의 대답은 비교적 간단했다.

"당신에게 주어진 과제를 다하십시오."

내가 참석하는 위원회를 살펴보면 대부분의 맴버가 도착해서 단순하게 주어진 파일을 열어 보고 떠날 곳을 찾아 출발한다. 그들은 실제로 영향을 줄 수 없는데, 그것은 자신들의 과제를 다하지 않기 때문이다.

이러한 결정에서 고려해야 할 '가치/가격'은 무엇인가?

이미 제5장에서 논의한 '가치/가격'의 요소에 대해 다시 생각해 보라. 당신이 제안한 결정에 대한 가치를 확실하게 이야기하라. 물론 방향이 바뀌게 되었을 때 드는 비용에 대해서도 확실하게 이야기를 해야 한다.

그 밖에 이러한 결정에 누가 영향을 주길 원하는가?

당신은 누구와 협력하는가? 당신과 목표를 나누고 동맹 관계를 형성할 수 있는 사람을 찾아라.

어떻게 하면 영향을 주기 위하여 현명하게 돈을 투자할 것인가?

승리하기를 원하는 단체는 어떤 단체인가? 그들이 기금을 조성할 때 적당하게 제공하여 도움으로써 그들에 대한 영향력을 넓혀가라.

마무리 질문

이 결정은 관련된 사람들에게 어떠한 영향을 주는가?

꼭 기억할 것!

가장 중요한 결정을 하는 사람들에게 어떻게 영향을 줄 수 있는지를 알기 위해 다음과 같은 질문을 하라.

- 가까운 미래에 다른 사람에 의해 결정될 가장 중요한 세 가지는 무엇인가?
- 왜 이처럼 특별한 결정을 내리는 일에 영향을 주기를 원하는가?
- 실제로 누가 이러한 결정을 내리는가? 나는 그 결정에 어떻게 영향을 줄 수 있는가?
- 사람들의 최고 관심거리에 참여할 수 있는가? 어떻게 하면 그러한 참여를 할 수 있는가?
- 이러한 결정을 하기 전에 그들이 알아야 할 사실은 무엇인가?
- 주어진 과제를 다했는가?
- 이러한 결정에서 고려해야 할 '가치/가격'은 무엇인가?
- 그 밖에 이러한 결정에 누가 영향을 주길 원하는가?
- 어떻게 하면 영향을 주기 위하여 현명하게 돈을 투자할 것인가?
- 이 결정은 관련된 사람들에게 어떠한 영향을 주는가?

올바른 질문을 아는 것은 좀더 큰 영향력을 갖게 하고 자신감이 넘치는 리더십을 발전시키는 데 도움이 된다.

MASTERPLANNING

18
종합 계획

간단하게 말해서 종합 계획은 한 그룹이 앞으로 나아가야 할 방향과 조직, 자원들을 알려 주는 글로 씌어진 진술서다.

종합 계획의 가장 큰 장점은 조직에 있는 모든 수준의 리더십으로 세워진 계획들을 하나로 통합한다는 것이다. 다른 말로 하면 모든 사람이 하나의 음악을 연주하게 한다는 것이다. 전체의 계획은 다음과 같은 것들을 제공한다.

- 전체 팀이 한 부분이 될 수 있다는 공통된 계획
- 팀의 환경을 창조해 가며 정제하고 순화할 수 있는 굳건한 기초
- 분명한 결정을 세우기 위한 여러 가지 기본
- 문제를 해결하기 위한 기본적인 상황

- 외부 사람들에게 직원 전체가 '우리는 누구인가?' 하는 것을 이야기할 때 사용되는 의사 소통의 도구
- 조직을 '죽이지' 않고 빠른 성장을 허락하는 모델을 계획하는것

종합적인 계획이 없는 회사나 조직은 다음의 증상들로 고통을 받기가 쉽다.

- 모호한 의사 소통
- 어떤 일이나 사람에 대해 누가 책임을 지는가, 얼마나 쓸모가 있는가, 그리고 그 이외의 다른 것들에 대해서 서로 다른 가설을 가짐으로써 생기는 혼란스러움과 긴장감
- 연기된 결정
- 낭비된 에너지와 자원
- 부적절한 기금의 조성
- 감소된 서비스의 질
- 미래에 대한 막연함
- 성장에 대한 불충분한 준비

종합 계획을 발전시킨다는 것은 적어도 다음의 열 가지 질문을 다루는 것을 의미한다.

우리가 섬길 사람들은 누구며 우리 모임에 필요한 것은 무엇인가 (시장)?

누가 당신의 시장(市場)이고 그들의 요구는 무엇인가? 그 요구를 채울 수 없다면 당신은 그 곳에 존재할 이유가 없다.

목표를 성취하기 위해 맨 위에 바른 사람들이 있는가 (리더십)?

고객의 요구를 맞추기 위해서 당신은 큰 계획을 수립할 수 있다. 그러나 올바른 리더십 없이 그 계획을 실천할 수는 없다.

성공하기 위하여 누구의 조언이 필요한가 (상담)?

당신에게 조언을 해줄 사람은 중역 회의 간부, 자문 회의 위원, 운영 위원회의 위원, 외부에서 영입한 상담가들이 될 수 있다. 계획을 수립하고 성공하기 위해 당신이 속한 조직 이외의 전문가의 어떤 자원이 필요한가?

단기 · 중기 · 장기 간의 시간적 범위 내에서 정확하게 무엇을 할 것인가 (방향)?

시장과 그 시장의 요구를 명확하게 하고, 리더십과 상담이 적절히 자리를 잡은 후에 나아갈 다음 단계는 어떤 방향으로 나아갈지를 결정하는 것이다.

이제 당신은 삶의 분명한 방향을 가지고, 회사나 조직에서처럼 어디로 나아갈지를 안다. 이제 당신은 정의할 수 있다.

어떠한 일에 대하여 누가 책임을 질 것인가? 사람에 대하여 누가 책임을 질 것인가(조직)?

그 자리에 적합한 사람들이 배치되어 있는가(도움을 받기 위해 '27. 사원 모집'을 보라)?

기대하고 있는 비용과 수입은 무엇인가(현금)?

그것의 가격은 얼마인가? 그것을 살 수 있는가?

리더십과 방향, 조직과 운영 자금이 있다면, 적어도 효과적으로 이끌어 가는 데 필요한 것의 80% 정도를 가지고 있는 것이다. 이제 당신도 다음과 같은 것에 초점을 맞출 수 있다.

바른 위치에 있는가(보고)?

이 단계에서 모든 직원은 앞의 여섯 가지 질문에 대답해야 한다 ('28. 보고'를 보라).

어떻게 하면 효과적으로 알 수 있는가(의사 소통)?

어떤 일을 효과적으로 하고 있는지 알려면 내적인 의사 소통뿐 아니라 외적인 의사 소통까지 다 포함시켜야 한다.

자신에게 기대하고 요구하는 것의 특징을 알고 있는가(평가)?

사람, 프로그램, 조직 전체를 평가하라.

마무리

어떻게 하면 이 계획이나 서비스에 대한 비판적인 측면에서도 계속적으로 개선해 나갈 수 있는가(진보)?

종합 계획은 일반적으로 한 팀의 노력 안에서 모두가 함께하는 것이다. 사실상 종합 계획은 한 그룹의 팀 정신을 성장시키는 데 도움이 되는 과정이다.

종합 계획을 세우기 위한 가장 좋은 시간은 당신이 새로운 것을 시작하거나 중요한 변화를 경험하게 될 때, 또는 이전의 종합 계획이 오래되었거나 그러한 계획이 아예 없을 때다.

종합 계획은 5~10년마다 수립해야 하는 일은 아니다. 그러나 지속적으로 해야 하는 일에 포함되는 과정이다.

> **꼭 기억할 것!**
>
> 종합 계획 수립 과정에 포함된 중요한 질문을 찾기 위해서 이 단원으로 돌아오라.
>
> - 우리가 섬길 사람들은 누구며 우리 모임에 필요한 것은 무엇인가(시장)?
> - 목표를 성취하기 위해 맨 위에 바른 사람들이 있는가(리더십)?
> - 성공하기 위해 누구의 조언이 필요한가(상담)?
> - 단기·중기·장기 간의 시간적 범위 내에서 정확하게 무엇을 할 것인가(방향)?
> - 어떠한 일에 대하여 누가 책임을 질 것인가? 사람에 대하여 누가 책임을 질 것인가(조직)?
> - 기대하고 있는 비용과 수입은 무엇인가(현금)?
> - 바른 위치에 있는가(보고)?
> - 어떻게 하면 효과적으로 알 수 있는가(의사 소통)?
> - 자신에게 기대하고 요구하는 것의 특징을 알고 있는가(평가)?
> - 어떻게 하면 이 계획이나 서비스에 대한 비판적인 측면에서도 계속적으로 개선해 나갈 수 있는가(진보)?
>
> 종합 계획 수립 과정은 팀을 단일화할 수 있고, 방향과 결정을 세분화하고 리더십을 향상시킬 수 있다.

MONEY

19
돈

재정의 균형을 유지하려는 계획은 세상에서 일을 요령 있게 처리하는 것들 중 하나다. 돈에 대해서 올바른 관점을 갖는 것은 참으로 중요하다. 수입보다 더 많이 지출을 하게 되고, 자신이 생각하는 것보다 돈이 모자라고, 필요한 것보다 더 많은 물건을 사는 것과 같은 상황에서 돈의 흐름을 바르게 잡고 돈을 바르게 사용하는 것은 결코 쉬운 일이 아니다.

돈을 벌어들이고 관리하는 데 기초가 되는 세 가지 원칙이 있다.

(1) 수입을 발생시키는 것
(2) 지출을 조절하는 것
(3) 돈을 저축하는 것

많은 사람들은 살아가는 데 적절한 수입이 있다. 그러나 대부분의 사람이 지출을 조절하는 데 어려움을 겪고, 그 결과 적절하게 예금을 늘리는 중요한 일에 실패한다.

이러한 결과가 발생하는 중요한 원인은 삶에 접근하는 방법이 근본적으로 다르기 때문이라고 나는 믿는다. 경제적으로 어려운 사람은 먼저 살아가는 데 쓰고 남는 돈을 저축한다. 경제적으로 어렵지 않은 사람은 먼저 저축하고 남은 돈을 쓴다.

다음의 질문들은 재정적으로 우위를 유지할 수 있도록 돈에 대한 입장을 발전시키는 데 도움을 줄 것이다.

적절한 수입이 발생하고 있는가?

만약 청구서들에 지불할 만큼 돈을 충분히 벌어들이지 못한다면 당신은 파산하게 될 것이다. 그것은 간단한 일이다.

지출을 조절해서 예비된 돈이 있는가?

수입의 모든 돈을 다 써버린다면, 투자하기 위해 돈을 저축하거나 어려움을 당하게 될 때 필요한 예비 자금을 결코 마련할 수 없다.

세금을 계산하는가?

당신이 벌어들이고 저축을 하고 소비한 돈이 얼마인가에 대해 지속적으로 기록을 해서 실제로 얼마만큼의 세금을 내는지 알고 있는가?

앞날을 위하여 재정적 측면에서 그래프와 도표를 이용한 실제로 볼 수 있는 그림이 있는가?

재정 상태를 눈으로 확인하는 것은 상호 공조나 조직의 환경에서도 필요하지만 개인의 재정 상태를 파악하는 일에도 도움이 된다. 계획된 수입과 계획된 지출을 비교하고 실제로 수입에서 증가 또는 감소, 그 외의 것을 보여 주라.

재정적인 결정이 당신을 짓누를 때 물어 보라.

누구에게 자문을 받아야 하는가?

개인적인 차원에서 가족 이외에 바람직한 재정적 충고를 해줄 수 있는 믿을 수 있는 사람은 누구인가? 그 사람은 바르게 돈을 벌고 저축하고 올바르게 돈을 운영할 줄 아는 사람이어야 한다.

이 결정을 내리기 위해 좀더 객관적일 때까지 기다려야 하는가?

사람은 누구나 순간적으로 감정적이 될 수 있다. 당신이 어떤 것을 원하는 경우에 사지 말아야 할 것을 잘못 판단하여 부적절하게 구입하는 것을 말한다.

돈을 모두 잃었을 때도 나의 삶이 가능한가?

투자하기 전에 자신에게 물어 보라.
"만약 내가 모든 것을 잃게 된다면 가족과 나 자신에게 어떤 영향을 주게 될까?"

이 결정을 한 이유는 정확하게 무엇인가?

당신의 답변을 글로 써서 재정 충고자들에게 보여 주라. 그들은 그것이 좋은 이유라고 동의하는가?

지금이 이와 같은 재정적 단계를 취해야 할 바른 기회인가?

당신의 목록 가운데 맨 위쪽에 있는 것이 정말로 구매인가? 아니면 투자인가? 무엇인가를 원하고 그것이 필요할 때 그 모든 것을 살수 있을 만큼 충분한 돈을 가진 사람은 거의 없다. 나는 사고 싶은 것들의 목록에 '언젠가는'이라는 입장을 지키고 있다. 나중에 여분의 돈이 생길 때 목록을 꺼내서 지금 내가 가진 돈으로 가장 먼저 사야할 것이 무엇인지 묻는 것이다.

내 친구가 가끔 이야기한 것을 당신에게 알려 주려고 한다.

지출이 수입을 초과하면
가족을 부양하는 능력은 추락하게 될 것이다!

┤ 꼭 기억할 것! ├

　돈을 관리하는 일에서 당신의 생각을 유지하기 위해 다음과 같은 기본적인 질문을 자신에게 하라.

- 적절한 수입이 발생하고 있는가?
- 지출을 조절해서 예비된 돈이 있는가?
- 세금을 계산하는가?
- 앞날을 위하여 재정적 측면에서 그래프와 도표를 이용한 실제로 볼 수 있는 그림이 있는가?

재정적인 결정이 당신을 짓누를 때 물어 보라.

- 누구에게 자문을 받아야 하는가?
- 이 결정을 내리기 위해 좀더 객관적일 때까지 기다려야 하는가?
- 돈을 모두 잃었을 때도 나의 삶이 가능한가?
- 이 결정을 한 이유는 정확하게 무엇인가?
- 지금이 이와 같은 재정적인 단계를 취해야 할 바른 기회인가?

　돈에 대한 올바른 질문을 아는 것은 자신감 넘치는 리더십에 도움이 된다.

MOTIVATING YOURSELF

20
자신에게 동기를 부여함

동기 부여의 불은 꿈이라는 연료가 있을 때 타오른다. 만약 기분이 매우 안 좋다면 …… 한 주나 두 주 또는 그 이상의 기간 동안 침대 밖으로 자신을 밀어내야 한다는 느낌을 경험하거나, 자신이 목표를 달성한 것과 과거의 성공들에 대한 느낌을 잃어버렸다고 느끼고 있다면 …… 자신에게 동기를 다시 부여하기 위해 다음의 질문들을 사용해 보라.

분명하고 의미 있고 성취 가능한 목표가 있는가?
'16. 목표 설정'을 다시 보라. 특별히 '삶의 초점 도표'를 보라. 미래를 생각할 때 동기가 회복되고 훈련도 다시 시작할 수 있다(동기와 훈련은 동전의 양면과 같다). 목표가 강하면 동기도 강하다. 그리고 동기가 강하면 훈련도 강해진다.

성공처럼 동기를 불러일으키는 것은 없다. 성공이란 목표에 도달할 때 갖는 감정이다. 분명한 목표가 있다면 당신은 성공과 동기로 향하는 분명한 길을 알고 있는 것이다.

이 일을 왜 하려고 하는가?

동기 유발에 대해 말하는 많은 사람이 다른 사람에 대한 책임을 져야 한다고 강조한다. 해야 할 일을 하지 않고 있을 때 격려하는 누군가가 곁에 있다면 그는 당신을 도와 주었다고 할 수 있다. 그러나 나는 책임감 있는 파트너가 진정한 동기 유발의 유일한 원천이라고 믿지 않는다.

주목할 만한 또다른 동기 유발의 원인은 다른 사람에게는 거의 말하지 않은, 그러나 언젠가는 가장 하고 싶고, 되고 싶고, 가지고 싶어하는, 대부분의 사람들이 가진 꿈, 다시 말해서 '숨겨진 꿈'이다.

당신의 숨겨진 꿈은 무엇인가? 용기를 잃었을 때 숨겨진 꿈을 마음속에서 꺼내라. 숨겨진 꿈의 다른 면을 보게 되면 그 숨겨진 꿈이 당신을 자극하기 시작할 것이다.

개인적으로 성장하고 싶은 분야가 있는가?

침체는 동기를 유발하지 않는다. 만약 침체되었다고 느낀다면 무엇인가 새로운 것을 배우도록 시도하라(그러나 지쳐 있고 스트레스를 받는다면 시도하지 않는 것이 좋다. 새로운 책임이 벅차다고 느끼게 될지도 모른다). 만약 당신에게 자연적 에너지('14. 피로'를 보라)가 작용한다면 분명한 목표를 갖게 되고, 개인 성장을 위해 새로운 분야를 선택하게 되며, 그것은 동기를 새롭게 하는 원인이 될 것이다.

개인의 성장은 기하급수적이다. 배우면 배울수록 좀더 많이 배울 수 있는 기회를 갖게 된다.

지쳐 있지 않은가?

피로로 인하여 부정적인 눈으로 자신을 바라보는 것은 당신으로부터 동기를 빼앗아 가는 것이다('14. 피로'를 보라).

동기를 상실하게 하는 것들을 제거할 수 있는가?

당신의 삶에서 동기를 상실시키는 것은 무엇인가? 일반적으로 동기를 상실하게 하는 다섯 가지는 다음과 같다. 당신에게 해당되는 것이 있는가?

- 개인적인 강점의 영역 대신 개인적인 약점의 영역을 갖는 것
- 우유부단함. 오늘 당신이 결정하려는 것은 무엇인가? 다음 두 주간 안에, 두 달 안에 해야 하는 세 가지 가장 중요한 결정은 무엇인가?
- 억누르는 느낌을 갖는 것. 이번 주간에 오직 세 가지만 할 수 있다면 그것은 무엇인가? 그것을 완벽하게 마무리 짓도록 노력하라.
- 길이 눈사태로 막혀 있는 것처럼 당신의 삶에 어떤 분야에서 길이 막혀 있는 느낌을 갖는 것

• 분명한 목표 의식의 부족

동기를 상실시키는 중요한 원인이 삶에 있다면 어떻게 그것들을 제거할 수 있는가?

삶의 초점이 주는 것인가 아니면 얻는 것인가?

다음 주간에 누군가에게 어떤 특별한 선물을 줄 수 있는가? 단순하게 주는 행동은 때때로 삶 가운데 동기를 부여하는 즐거움을 가져다 준다.

올해 가장 원하는 일을 하기 위해 필요한 것은 무엇인가?

전에 가졌던 관심보다도 더 많이 다른 사람의 필요를 분명하게 알고 그것을 채워 줌으로써 당신은 다시 동기 부여를 받게 된다.

"내가 관심이 깊은 분야에서 필요한 것은 무엇인가? 그 필요를 채우기 위해 특별한 능력을 갖추어 가는가?"

자신에게 물어 보라. 그리고 가까운 미래에 그 특별한 필요를 채우기 위해 시간을 투자하라.

가야 할 방향을 보는가?

당신은 일과 관련된 것을 포함하여 많은 목표를 갖고 있지만, 그러한 목표들이 당신의 직업을 어떤 방향으로 이끌지 모를 것이다. 그러나 만약 각각의 목표가 당신을 어디로 이끌어 갈지를 분명하게 안다면, 즉 직업의 방향이 분명하다면, 그것은 커다란 자연적 동기가 될 수 있다.

정말로 달라지고 싶은 분야는 무엇인가?

또 하나의 핵심적인 질문이 있다. 그것은 "정말로 달라지고 싶은 것은 무엇인가?" 하는 것이다. 이것은 성공 또는 생존과 비교할 때 어느 쪽이 더 중요한가를 말하는 것이다. 지금으로부터 1년이나 5년 안에 당신이 원하는 달라지는 것에 집중한다면 용기나 동기와 같이 발전적인 의미를 쉽게 받아들이게 될 것이다.

'6. 자신감'에 나오는 '긍정적인 과업 수행의 목록'을 마음속으로 되새기며 다시 검토해야 한다는 것을 기억하라. 이것은 마치 비 오는 날을 위해서 한 줌의 햇빛을 저장하는 것과 같다. 자신에게 의미 있는 격려를 하기 위해서 당신이 이미 변화를 이룬 삶에 대해 기록된 것들을 간직해야 한다는 것을 기억하라.

꼭 기억할 것!

미래에 자신을 새롭게 해야 할 필요를 느낀다면, 이 단원으로 돌아와서 다음의 질문들을 스스로에게 하라.

- 분명하고 의미 있고 성취 가능한 목표가 있는가?
- 이 일을 왜 하려고 하는가?
- 개인적으로 성장하고 싶은 분야가 있는가?
- 지쳐 있지 않은가?
- 동기를 상실하게 하는 것들을 제거할 수 있는가?
- 삶의 초점이 주는 것인가 아니면 얻는 것인가?
- 올해 가장 원하는 일을 하기 위해 필요한 것은 무엇인가?
- 가야 할 방향을 보는가?
- 정말로 달라지고 싶은 분야는 무엇인가?

올바른 질문을 하는 것은 미래에 대해 흥미를 불러일으키고, 자신감 넘치는 리더십에 도움이 된다.

MOTIVATING OTHERS

21

타인에게 동기를 부여함

나 자신은 '동기 부여를 하기 위해' 말을 잘하는 사람이 아니라고 생각한다. 그리고 분에 넘치게 일을 하는 성품도 아니다. 그러나 사람들은 가끔 내게 이렇게 말한다.

"밥, 당신이 참으로 내게 동기를 부여해 주었습니다."

우선 그분들에게 용서를 구하고 싶다. 나는 그분들에게 사기를 치고 싶은 마음은 없었다. 그리고 나 자신에게 질문했다.

"비록 그 일에 관심이 없다고 하더라도, 한 사람이 다른 사람에게 동기를 갖도록 하는 것은 어떤 원인이 있는 것일까?"

이것의 중요한 요소는 사람들에 대한 올바른 가정(假定)이라고 믿는다. 사람들에 대한 올바른 다섯 가지의 가정은 다음과 같다.

- 사람들은 자신에게 의미 있는 일을 한다.
- 실패하기를 원하는 사람은 한 사람도 없다.
- 모든 사람은 차별화되기를 원한다.
- 모든 사람은 개인적으로 성장하기를 원한다.
- 모든 사람은 격려가 필요하고 격려에 반응한다.

이것은 모두 긍정적인 가정이다. 이러한 가정은 다음과 같은 부정적인 판단을 몰아낸다.

"그가 일하는 걸 보면 정말 멍청해."
"그녀는 모든 일을 늘 망쳐 놓지."
"그에게는 희망이 없어."
"그에게 동기를 부여하는 것은 쓸데없는 일이야."

당신이 가장 동기를 부여해 주고 싶은 한 사람을 생각하고, 다섯 가지 가정들 가운데 그에 대한 당신의 진정한 믿음이 있는지를 자문하라. 그리고 나서 다음 질문을 통하여 그를 도와 주는 것을 생각하고 그에 대하여 긍정적인 면을 유지하라.

그의 세 가지 장점은 무엇인가?

장점의 영역보다 약점의 영역에서 일하는 사람은 동기 부여가 되지 않는다. 다른 방향으로 생각해 보면 이렇게도 말할 수 있다. 약점의 영역에서 일하던 어떤 사람이 장점의 영역으로 옮긴다면 그의 자연적 동기는 급격하게 증가한다.

이러한 사람은 그의 핵심적인 장점을 규정하는 데 도움이 필요하다. 그가 자신의 장점을 발견하고 이해할 수 있도록 도와 주고 직장, 집, 그의 모든 관계에서 유익함을 취하는 것을 배우도록 도움을 주라.

그가 단기간에 해야 할 세 가지 중요한 결정은 무엇인가?

그가 내적으로 결정해야 할 것은 무엇인가? 결정을 하려고 노력하지만 결정을 내릴 수 없는 것은 무엇인가?

이러한 문제를 발견하는 것은 그에게 이렇게 물음으로 간단해질 수 있다.

"가까운 미래에 결정해야 할 가장 중요한 세 가지는 무엇인가?"

중요한 순간에 결정하지 못하고 망설일 때는 늘 동기를 강조해야 한다.

그가 다음 달에 달성해야 할 중요한 목표 세 가지는 무엇인가?

어떤 사람이 해야만 하는 일 때문에 압박을 당하고 있다면 지금 당장 그가 해야 할 가장 중요한 세 가지를 한정해서 할 수 있도록 도우라. 몇 가지 단순한 단계를 거치면 그가 다시 계획한 대로 자신을 조절하는 것을 느낄 수 있을 것이다.

그가 다음 2년 동안 해야 할 중요한 목표 세 가지는 무엇인가?

나의 관찰에 의하면 사람들이 동기 부여를 하지 못하는 가장 큰 이유는 단지 하루하루를 생존하려고 싸우는 것처럼 살기 때문이다. 미래에서 사람들을 잡아당겨 줄 목표가 없기 때문이다.

그가 다음 2년 동안 단 한 가지만이라도 중요하면서 측정 가능한 목표를 규정해 나갈 수 있도록 도와야 한다. 그가 하기를 원하고, 되기를 원하고, 가질

> 나는 격려와 열정적인 자극 없이 진정으로 일하는 사람을 본 일이 없고, 사람들의 인정 없이도 일을 잘하는 사람을 본 적이 없다.
>
> — 찰스 슈왑

수 있기를 원하는 것이 무엇인가? 현재에 머물러 허우적거리기보다는 다가올 미래에 초점을 맞춤으로써 미래의 선명성으로 인하여 엄청난 동기가 일어날 수 있다.

사람들에게는 믿을 수 없는 일을 하게 하는 자연적 동기 부여의 힘이 있다. 우리 대부분은 삶 속에서 자연적 에너지가 넘쳐흘렀던 과거의 경험을 회상할 수 있다. 그러한 때는, 일을 하기 위해 아침에 일어나는 것은 쉬웠지만 밤에 잠자리에 드는 일은 쉽지 않았다. 그러다가 망설이는 것, 분명하지 못한 우선권들, 목표의 부족함과 같이 동기를 저하시키는 다양한 것을 경험하게 되고, 그것들은 자신에게 동기를 부여하는 일을 어렵게 한다.

그러나 비록 동기를 저하시키는 요인들이 우리를 붙잡고 있을지라도, 마음속 깊은 곳에는 동기 부여의 원동력이 여전히 작동하고 있다. 여전히 거기에는 잠재력이 있으며, 성공하려는 욕망과 잘해 보려는 바람이 있다.

그래서 사람들이 동기 저하를 가져오는 원인들을 제거하도록 도와야 한다.

그가 직면한 세 가지 장애물은 무엇인가?

그는 어떤 부분에서 자신의 인생이 완전히 막혀 있다고 느끼는가? 교육의 부족함 때문인가? 돈의 부족함 때문인가? 지능의 부족함 때문인가?

그에게서 반드시 고쳐져야 할 것을 발견하라. 바로잡아야 할 것을 드러내고 그가 창조적인 방법을 찾을 수 있도록 도우라.

그가 상황을 극복할 수 있는 세 가지 자원은 무엇인가?

그가 협곡 안에 갇혀 있다고 느낀다면 협곡을 올라올 수 있는 좋은 사다리를 찾도록 도우라.

그가 두려워하는 것은 무엇인가?

코끼리를 매는 말뚝을 기억하는가? 그에게 지속적으로 두려움을 갖게 하고 지체하게 하는 것은 무엇인가? 자신이 과거에 내린 잘못된 결정 때문에 제약을 받고 있다고 자각하고 있는가? 그가 자신의 말뚝이 무엇인지 깨닫도록 이해시키고 말뚝을 뽑아 낼 수 있도록 도와야 한다. 1년 전에는 하지 못한 일이지만 지금은 할 수 있으며, 앞으로 1년 후에는 더 많은 일을 할 수 있다는 것을 그가 알 수 있도록 도와 주어야 한다.

그의 꿈은 무엇인가?

당신은 그가 '16. 목표 설정'의 '삶의 초점 도표'를 완성하는 일에 도움을 주고 싶을지도 모른다.

그의 좀더 주요한 자원들에 어떻게 접근할 수 있는가?

만약 무한정한 돈이나 다른 자원을 소유하고 있다면 그는 무엇을 할 수 있는가? 이것은 때로 그의 잠재력을 보기 위해서 할 수 있는 질문이다.

개인적으로 그를 어떻게 도울 수 있는가?

이 질문은 '그가 내 형제나 자매, 아버지, 어머니라면 그가 배울 수 있도록 어떻게 도울 것인가?'로 바꿀 수 있다.

동기를 저하시키는 것에 대한 연구는 오랜 시간이 소요되는 연구다. 당신이 배우는 모든 것은 다른 사람과 일할 때 인내할 수 있는 가치를 부여해 줄 것이다.

> **꼭 기억할 것!**

어떤 사람에게 동기를 부여하는 가장 좋은 길은 방심하지 않는 것이다. 때때로 다시 이 단원으로 돌아와서 다음의 질문들을 스스로에게 던져라.

- 그의 세 가지 장점은 무엇인가?
- 그가 단기간에 해야 할 세 가지 중요한 결정은 무엇인가?
- 그가 다음 달에 달성해야 할 중요한 목표 세 가지는 무엇인가?
- 그가 다음 2년 동안 해야 할 중요한 목표 세 가지는 무엇인가?
- 그가 직면한 세 가지 장애물은 무엇인가?
- 그가 상황을 극복할 수 있는 세 가지 자원은 무엇인가?
- 그가 두려워하는 것은 무엇인가?
- 그의 꿈은 무엇인가?
- 그의 좀더 주요한 자원들에 어떻게 접근할 수 있는가?
- 개인적으로 그를 어떻게 도울 수 있는가?

올바른 질문을 하는 것은 당신이 다른 사람에게 동기 부여를 하는 중요한 기술과 자신감 넘치는 리더십을 향상시킬 수 있다.

PEOPLE BUILDING

22

사람 세우기

    리더십에서 가장 만족스러운 것은 10년이나 20년 또는 50년 후에 자신이 성취한 것을 회고할 때 느끼는 성취감으로, 사람을 세우는 데서 오는 만족감이다.

    만족은 질적인 것의 달성에서 오는 느낌이다. 이것은 생산품이나 서비스뿐만 아니라 관계를 달성했을 때도 느낀다. 목표를 성취하기 위해 사람을 이용할 수도 있겠지만, 목표를 성취하는 과정에서 사람을 세울 때 느끼는 깊은 성취감은 무엇과도 비교할 수가 없다.

    인생의 이상적인 접근은 모든 사람을 조건 없이 사랑하라는 것이다. 그 이상을 향해 발전해 갈 때 당신은 좀더 강한 사람이 되고, 좀더 강한 리더가 되며, 훨씬 더 큰 만족감을 느낄 수 있다. 사람을 세우는 데는 근본적인 철학이 있다.

당신을 위해 일할 뿐만 아니라 다른 사람의 삶에도 영향을 주는 사람을 진정으로 세우고 있는가?

당신이 결정을 하는 데 도움을 줄 수 있는 다음과 같은 질문을 이용하라.

조건 없이 사랑하는 방법을 아는가?

조건 없는 사랑은 행동과 상관없이 사람에게 사랑과 관심을 보이는 것을 의미한다. 당신의 가족이 대접받기를 원하는 방식으로 직원을 대우하는 것을 의미한다.

다음의 다섯 가지 사항을 진정으로 믿는가?

- 실패하기를 바라는 사람은 아무도 없다.
- 사람들은 자신에게 의미 있는 일을 한다.
- 게을러 보이는 사람들이 실제로는 게으르지 않다(게으른 사람에게 알맞은 동기 부여가 있다).
- 모든 사람은 개인적으로 성장하기를 원한다.
- 모든 사람은 다른 사람과 차이를 낼 수 있다.

내가 생활 속에서 발견한 것은 위의 다섯 가지 사항은 정말, 정말로 정확하다. 당신도 다섯 가지 사항 모두 옳다는 결론을 내릴 것이라고 생각한다.

사람을 격려하고, 고마워하고, 확신을 주며, 인정해 주는가?

- 격려는 미래에 대한 희망을 주는 것이다.

  "당신은 그것을 해낼 수 있을 거야."

- 감사는 단순히 고맙다고 말하는 것이다.

  "도와 주신 것에 감사합니다."

  "늦게까지 기다려 주어서 고마워요."

  "당신이 이러이러한 것으로 팀을 도운 것에 대해 정말로 감사합니다."

- 확신을 준다는 것은 누군가의 개인적인 장점을 칭찬하는 것을 의미한다.

  "당신은 참으로 사려 깊은 사람입니다."

  "나는 당신의 정직함을 존경합니다."

  "당신은 대중 설교를 매우 잘하십니다."

- 인정은 누군가가 성취한 것을 당신이 알아주는 것이다.

  "보고를 참 잘하더군요."

  "좋은 팀을 만들었습니다."

가족, 친구, 직원 등 모든 사람과 관련된 이러한 면을 증진시키는 것을 배워야 한다. 이러한 인정은 리더에게 매우 중요한 요소다.

또한 당신은 다른 리더에게도 격려를 해주어야 한다. 대부분의 리더에게도 비판보다는 격려가 훨씬 더 중요하고 필요하다.

> 사람은 대개 강한 인상을 주기보다는
> 정당하게 인정받기를 원한다.
> 다른 사람의 욕심에 이용되는 수단이 아니라
> 인간으로 받아들여지기를 원한다.
> 다른 사람의 허영을 만족시키기 위한 도구가 아닌
> 그들 자신이 목적으로 취급받기를 원한다.
>
> — 시드니 J. 해리스

정말로 사람을 세우는가? 아니면 단지 나 자신의 꿈을 세우고 그 꿈을 실현하기 위해 사람을 이용하는가?

자신에게 물어 보라.

"나는 단지 이 일을 하기 위해서 그를 이용하는가? 아니면 이 일을 그의 삶을 세울 수 있는 기회로 보는가?"

나는 사람과 맞서야 할 때 충분히 맞설 수 있는가?

나뿐만 아니라 팀의 다른 사람들에게 피해를 주는 사람이 있는가? 만약 그가 외모든 무엇이든 좀더 정직하고 좀더 예의 바르고 좀더 훈련받지 못한다면 그의 나머지 인생이 불리하게 될 수 있는가?

> 모든 사람은 자신이 행한 일에 대해 경영자가 어떻게 느끼고 있는지 분명하게 알아야 한다.

당신은 자신과 팀뿐만 아니라 그를 위해서 그와 대면할 수 있는가?

대면한다는 것은 매우 어

려운 일이다. 만약 '대면한다'는 단어를 읽는 것이 쉽지 않게 느껴진다면 '대면한다' 또는 '맞선다'는 단어를 '분명하게 한다'로 대체하라. 사람과 맞서는 것 대신 문제를 분명하게 하라.

나는 귀가 아니라 마음으로 듣는가? 사람들이 말하는 언어 이상으로 듣는가?

사람의 말을, 표현되는 언어뿐만 아니라 감정적인 맥락에서 듣는가? 언급되지 않은 것은 무엇인가? 말로 표현된 것 외에 그가 느끼는 것은 무엇인가? 그의 행동과 제스처에서 무엇을 알 수 있는가?

외부 사람이 당신의 팀에 서로간의 의사 소통을 보기 위해 들어온다면, 그는 당신이 그렇게 하지 않았다는 것을 무엇으로 알 수 있는가? 다른 회사의 인사 담당자가 사람들을 평가하기 위해 들어온다면 팀원들 안에서 그가 볼 수 있는 장점은 무엇인가? 당신들이 간과해 버린 것은 무엇인가?

당신은 민감한가? 열심히 듣지 않아 난처하거나 압력을 받은 일이 있는가? 당신은 사람들을 존중하고 이해하기 위해 그들의 필요를 인정하고 만나려고 노력하는가?

직원의 모난 면을 둥글게 하는가?

하는 일에 방해가 되고 당신이 원만한 성격의 리더가 되는 일에 걸림돌이 되는 직원을 어떻게 도울 것인가? 직원의 모난 면은 무엇이며, 어떻게 하면 지금부터 1년 후에 모가 난 면을 개선하고 지금보다 강해질 수 있는가?

직원의 가장 큰 장점을 돕고 있는가?

직원 각자의 가장 큰 장점이 무엇인지 알고 있는가? 당신이 장점으로 알고 있는 것을 그들도 알게 하라. 각자에게 그가 장점을 발전시키는 것을 어떻게 하면 당신이 도울 수 있는지 물어 보고, 각 사람의 장점을 발전시켜 나가라.

직원 각자에게 있는 장기간의 좋은 잠재력을 이해하는가?

지금부터 20년 후의 각 직원의 모습을 생각해 보라. 각각 어떤 잠재력을 가지고 있는가? 어떻게 하면 직원 모두가 충분히 잠재력을 발휘할 수 있도록 도울 수 있는가?

> 다른 사람을 위해 할 수 있는 가장 좋은 것은
> 부를 나누는 것이 아니라
> 다른 사람에게 자신을 드러내는 것이다.
>
> — 벤저민 디즈레일리

직원들은 내가 그들의 개인적인 잠재력이 최고에 도달하기를 원한다는 것을 알고 있는가?

'세우는' 인터뷰에서 묻는 질문 목록을 살펴보라. 직원들과 1년에 한 번 일대일 대화 기간을 가지면서 개별적으로 어떻게 개선할 것인지, 당신이 어떻게 도울 수 있는지 물어 보라.

직원에게 질문지를 주고 한 주간 동안 생각하여 답을 기록하게 한 후, 점심 시간 이후에 만나서 질문지에 대해 말하라. 이 과정은 당신이 개인적으로 그에게 관심이 있다는 것과, 그들이 성장하기를 원하는 방법에 당신이 민감하다는 것을 알리는 것이다.

마지막으로, 향후 5년 동안 직원 각자가 맡고 싶은 직책이 무엇인지 알고 있는가? 나는 직원 각자가 그렇게 할 수 있도록 도울 수 있는가?

1년 단위로 직원들과 '세우는' 인터뷰에서 물어야 할 질문

- 지난해에 경험한 가장 의미 있는 일은?
- 개인적으로 올해 성장할 방향은 어떤 면인가? 이러한 영역에서 내가 당신을 어떻게 도울 수 있는가?
- 전에 하지 못한 일을 올해 할 계획이 있다면 그것은 무엇인가? 그 일에 대해 걱정이 있다면 무엇인가?
- 가 보고 싶은 코스, 읽고 싶은 책, 올해 당신이 성장하는 데 도움을 줄 수 있는 경험은 무엇인가?
- 내가 당신에 대해 아는 것에 가장 도움이 되는 것은 무엇인가? 실제로 내가 정말로 당신을 잘 아는가?
- 앞으로 5~10년 사이에 이루고 싶은 당신의 꿈은 무엇인가?
- 당신의 세 가지 장점은 무엇인가? 당신이 그것을 극대화할 수 있도록 내가 어떻게 도울 수 있는가?
- 어떤 면에서 당신이 방해받고 있다고 느끼는가? 그것을 극복할 수

있도록 내가 어떻게 도울 수 있을까?
- 올해 내가 당신에게 격려하기를 바라는 한 가지 영역이 있다면 그것은 무엇인가?
- 당신이 개인적인 성취를 가장 확실하게 발견할 수 있는 일은 어떤 것인가? 왜 그런가?
- 당신에게 개인적인 스트레스나 좌절감을 가장 많이 주는 것은 어떤 영역의 일인가? 왜 그런가?
- 일에서 당신의 잠재력을 극대화시키도록 도와 주는 최대의 도구, 장비, 시설, 인원은 무엇인가?
- 올해 당신이 내가 성장하기를 원하는 영역은 무엇인가? 그것은 당신이 도울 수 있다고 느끼는 영역인가? 아니면 도울 수 있는 누군가를 추천할 수 있는가?
- 내가 당신에게 동기를 상실시킨 것은 무엇인가?
- 내가 당신에게 동기를 부여한 것은 무엇인가?
- 어떻게 접근해야 하는지 알 수 없는, 나에게 말하고 싶은 풀리지 않은 문제가 있는가?
- 친구로서 나와 이야기하고 싶은 당신의 어깨 위에 놓인 무거운 짐(일 외에)이 있는가?

꼭 기억할 것!

사람을 세우는 기술을 예리하게 유지하기 위해서 때때로 이 단원으로 돌아와 다음의 질문을 자신에게 던져라.

- 조건 없이 사랑하는 방법을 아는가?
- 다음의 다섯 가지 사항을 진정으로 믿는가?
  - 실패하기를 바라는 사람은 아무도 없다.
  - 사람들은 자신에게 의미 있는 일을 한다.
  - 게을러 보이는 사람들이 실제로는 게으르지 않다(게으른 사람에게 알맞은 동기 부여가 있다).
  - 모든 사람은 개인적으로 성장하기를 원한다.
  - 모든 사람은 다른 사람과 차이를 낼 수 있다.
- 사람을 격려하고, 고마워하고, 확신을 주며, 인정해 주는가?
- 정말로 사람을 세우는가? 아니면 단지 나 자신의 꿈을 세우고 그 꿈을 실현하기 위해 사람을 이용하는가?
- 나는 사람과 맞서야 할 때 충분히 맞설 수 있는가?
- 나는 귀가 아니라 마음으로 듣는가? 사람들이 말하는 언어 이상으로 듣는가?
- 직원의 모난 면을 둥글게 하는가?
- 직원의 가장 큰 장점을 돕고 있는가?
- 직원 각자에게 있는 장기간의 좋은 잠재력을 이해하는가?
- 직원들은 내가 그들의 개인적인 잠재력이 최고에 도달하기를 원한다는 것을 알고 있는가?

- 향후 5년 동안 직원 각자가 맡고 싶은 직책이 무엇인지 알고 있는가? 나는 직원 각자가 그렇게 할 수 있도록 도울 수 있는가?

사람을 세우는 기술이 성장하는 것은 자신감 넘치는 리더십의 중요한 요소 중 하나를 강화시키는 것이 될 것이다.

PERSONAL ORGANIZATION

23
개인의 조직화

우리 할머니 집의 벽에는 가로 18cm, 세로 13cm 정도 되는 액자에 반짝거리는 글자로 이렇게 씌어져 있다.

"모든 것에는 알맞은 장소가 있다. 모든 것은 제자리에."

이 액자를 보고 몇 년이 지난 후에 나는 최고 경영자를 위한 개인의 조직화라는 주제로 연구를 하게 되었다. 여러 가지 비판적인 요소와 다양하고 복잡한 이론을 생각하던 중 할머니 집의 벽에 걸려 있던 그 문구가 내가 찾고 있는 주제의 핵심을 상징하고 있다는 사실을 문득 깨닫게 되었다. 그것이 개인의 조직화의 핵심이다.

자신이 조직적인 사람이라고 느끼고 또 그렇게 생각하고 있다면 다음 단원으로 넘어가도 좋다. 그러나 그렇지 못하다면 정돈 상태가 흔들리기 시작할 때마다 다시 이 단원으로 돌아와서 정신적인 각성을 하게 되기를 바란다.

당신이 지금 좀더 체계적인 삶을 준비하고 싶다면 다음과 같은 질문이 도움이 될 것이다.

해야 할 일에 대한 목록이 있는가?

해야 할 일에 대한 목록이 컴퓨터에 입력되어 있든, 수십 개의 범주로 나누어 노트에 기록되어 있든, 셔츠 주머니에 가지고 다니는 카드에 있든 상관이 없다. 누구에게나 하고 있는 일에 대하여 적어 두어야 할 장소가 필요하다. 그러지 않으면 책임이 증가하고 리더십이 성장하게 될 때 중요한 일들이 틈새로 샐 수 있다.

> 해야 할 일의 목록, 달력, 자료, 컴퓨터까지
> 모든 시스템은 당신을 섬기는 종이다.
> 좀더 낫고 빠르게 돕는 시스템을 개선함으로써
> 많은 시간을 줄이고 결과를 증가시킬 수 있다.
> 시스템과 싸우려 하지 말고 그것을 개선하라.

해야 할 일에 대한 계획서가 있는가?

당신의 계획서는 다른 사람의 것과 다르다. 당신의 계획서가 중요한 점은 바로 당신을 위한 계획서라는 것이다.

매일매일 잠시 시간을 같이하는 몇 건의 약속을 만들며 살아가는 사업가나 직장인은 30분, 15분 단위로 표시할 수 있는 일일 계획서가 필요하다.

미래의 중요한 계획을 표시해 두는 것이 계획서다. 중요한 계획서의 메모는 그 중요한 날을 지날 때 당신에게 일의 과정과 조직을 알려 주는 이정표가 된다.

쉽게 찾을 수 있는 주소록과 전화번호부가 있는가?

이미 강조했지만 리더십이란 다음에 무엇을 할 것인가, 왜 그것이 중요한가, 필요한 경우에 관계있는 적절한 자료를 어떻게 빠른 시간 안에 가져올 있는지를 아는 것이다. 적절한 자료를 얻을 수 있다는 이유에서 중요한 주소와 전화번호를 그때그때 활용하는 것은 매우 중요하다.

일들이 서류에 잘 정리되어 있는가?

'간단한 것이 좋다'가 서류 체계에 대한 나의 철학이다. 개인적인 서류는 모두 간단하게 알파벳 순으로 정리한다. 일과 관련해서는 네 가지 등급의 서류 체계를 활용한다. 책상에는 현재 하고 있는 서류, 책상 근처에 있는 분리된 서류 서랍에는 고객들에 대한 서류, 사무실 밖에 있는 4단 서류 서랍 안에는 이번 주는 아니지만 올해 언젠가는 해야 할 일에 대한 계획서와 사람에 관한 서류가 있다. 또한 오래된 세금 계산서 같은 아직 버리지 않고 있는, 필요가 없어도 거의 버리지 않는 자료집이 있다. 다시 말하지만 당신을 위해 하는 일이 무엇이든지 간에 그것이 목적이 된다.

과거 20년 동안 배운 개인적인 조직에 관한 모든 것은 앞에서 말한 네 가지 주요한 주제로 요약될 수 있다.

'해야 할 일에 대한 목록이 있는가?'
'해야 할 일에 대한 계획서가 있는가?'
'쉽게 찾을 수 있는 주소록과 전화번호부가 있는가?'
'일들이 서류에 잘 정리되어 있는가?'

내가 만난 지도자들 가운데 많은 사람이 이 네 가지가 적절한 위치에 있지 않아서 부정적인 결과로 고생하고 있었다.

만약 네 가지가 적절한 위치에 있지 않으면 필요할 때, 중요한 약속이나 마감 날짜, 중요한 자료나 정보를 놓치게 될 것이다.

그러나 일단 네 가지 체계를 갖추게 된다면 당신은 개인의 조직화의 도움이 되는 다른 면들을 발전시킬 수 있다.

'긍정적인 과업 수행의 목록'이 있는가?

과거에 있었던 개인적인 중요한 일에 대한 체계화된 견해가 도움이 된다. 이 목록에 대해 더 알고 싶다면 '6. 자신감'을 읽어 보라.

개인의 조직화를 위한 시간을 규칙적으로 만들고 있는가? 나 자신과의 이러한 약속을 잘 지키는가?

최근에 해야 할 목록을 만들고 오래된 파일을 버리는 것과 같은 규칙적으로 자기 자신을 조직화하기 위한 시간을 떼어 두라. 그렇지 않으면 비체계적인 폭풍 속에 있다는 느낌이 들 것이다. 규칙적인 시간을 좀더 자주 갖는 것 외에도, 1년에 하루 정도는 당신의 체계를 다시 측정하고 필요한 중요한 부분을 재조직하는 데 시간을 들여야 한다.

일을 효과적으로 하도록 돕는 세 가지 도구는 무엇인가?

개인 컴퓨터, 녹음기, 최첨단 계산기는 일을 하는 데 효율을 높여 줄 수 있다. 내셔널캐시레지스터 사의 설립자인 존 W. 패터슨의 철학을 소개한다.

"그가 가지고 있든지 또는 없든지, 그의 사업에 필요한 무언가에 그는 대가를 치르게 된다."

만약 좋은 도구가 없다면 비효율성, 사업의 패배, 시간 낭비라는 대가를 치르게 될 것이다.

'미래 파일'이 있는가?

'미래 파일'에서 미래에 대한 메모나 다른 자료를 확보할 수 있다. 예를 들면 책을 쓰기 위한 아이디어, 쓰고 싶은 기사, 짓고 싶은 집이나 사무실, 그 밖의 것들이 있다.

특별히 나는 현실에서 좌절하게 될 때마다 이 파일을 꺼내 보는 것이 도움이 된다는 것을 알았다. 내일에 대한 생각은 흥미가 생기고 동기 부여를 받게 된다. 미래의 꿈에 대하여 자신의 발전을 머릿속으로 그려 보는 것은 매우 좋다.

마지막으로, 피터 드러커의 능률(일을 잘하는 것)과 효율성(바른 일을 하는 것)에 대한 정의를 기억하라. 개인의 조직화에 시간을 쓸 때

바른 일, 정말 중요한 일을 하는 것에 초점을 맞추어야 한다.

장기간의 효율성에 초점을 맞추면 맞출수록 효율을 얻기 위해 단순하고 실제적인 체계가 필요하다. 사실상 장기간의 효율에 초점을 맞추는 것은 우리를 체계적인 접근으로 나아가게 한다.

일에 대한 전략을 조직화하기 위한 실용적인 법칙이 있다.

가장 활동적인 시간의 80%를 일하는 데 사용하라.
15%의 시간을 배우는 데 사용하라.
5% 시간을 단점을 보완하는 데 사용하라.

행동이 아닌 결과에 초점을 두라.

꼭 기억할 것!

자신이 비조직적이라는 생각이 들 때마다 곧바로 이 단원으로 돌아와 자신에게 다음의 질문을 던져라.

- 해야 할 일에 대한 목록이 있는가?
- 해야 할 일에 대한 계획서가 있는가?
- 쉽게 찾을 수 있는 주소록과 전화번호부가 있는가?
- 일들이 서류에 잘 정리되어 있는가?
- '긍정적인 과업 수행의 목록'이 있는가?
- 개인의 조직화를 위한 시간을 규칙적으로 만들고 있는가? 나 자신과의 이러한 약속을 잘 지키는가?
- 일을 효과적으로 하도록 돕는 세 가지 도구는 무엇인가?
- '미래 파일'이 있는가?

올바른 질문을 아는 것은 당신을 조직적이게 하고, 자신감 넘치는 리더십을 강화하는 데 도움이 된다.

PRESSURE

24
압박

'압박'은 오늘날 흔하게 사용되는 단어다.

물론 약간의 과장은 있지만 심한 말은 아니다. 세계를 계속해서 움직이게 하는 변화와 모든 복잡성으로 인한 압박은 우리에게 피할 수 없는 결과다.

압박이란 본질적으로 '안에서 누르는' 효과를 의미한다. 과도한 책임, 지나치게 높은 기대감, 임박한 마감일과 같은 것이다. 내면적으로 압박은 또한 '밖에서 누르는' 것을 의미하기도 한다. 우리를 과도하게 누르는 해야 할 일들과 표현하고 경험하고 완성해야 하는 것에 대한 욕망들이다.

나는 과도한 욕망으로 압박을 느끼는 것은 일반적으로 한 가지 주요한 원인 때문이 아니라 다양한 원인에서 비롯된다는 것을 관찰했다. 자신의 어깨에 하나의 커다란 돌을 지고 있기 때문이 아니라 산더미 같은 돌들 때문에 압박을 느끼는 것이다. 계획에 없는 많은 일들이나 불균형한 일, 즉시로 관심을 가져야 하는 일들에 대해서 압박을 느끼는 것이다.

숨막힌다는 느낌은 이러한 것들이 축적된 결과다. 압박이 과도하게 초과될 경우, 공기가 과도하게 주입된 풍선처럼 갑자기 터지는 것을 막으려면 그러한 압박을 조금씩 그리고 서서히, 한 번에 하나씩 완화시켜야 한다.

오늘 큰 스트레스를 받고 있다면 한 번에 하나씩 압박을 완화시키는 과정을 시작하라. 다음과 같은 질문이 당신을 도울 것이다.

오늘 어깨를 무겁게 누르는 특별한 것은 무엇인가?

앞에서도 제안했지만 압박을 주는 것을 종이에 기록해 보라. 큰 것, 중간 것, 작은 것, 모든 것을 목록에 기록해야 한다. 목록의 순서는 그다지 중요하지 않다.

목록에 50개 또는 그 이상의 것이 기록될지도 모른다. 목록 가운데 미루거나 아예 없애 버려도 되는 것이 있는가? 어떤 것이 가장 먼저 해야 할 세 가지 일인가? 한꺼번에 할 수도 있는가? 목록 가운데 없애 버려도 되는 세 가지를 선택한다면 그것은 무엇인가?

이러한 과정이 당신이 받는 많은 압박을 완화시키는 데 도움이 될 것이다.

오늘 가장 압박이 되는 세 가지 결정은 무엇인가?

그 세 가지 결정을 확인한 후에 '8. 의사 결정'에 나오는 질문의 과정을 적용해 보라.

결정하지 못하는 것은 가장 강력하고 가장 일반적인 압박의 자원이다. 중요한 결정이 연기되는 동안 책임감 때문에 당신은 강한 스트레스에 시달릴 수 있다.

적당한 휴식을 취하는가?

피로를 느끼고 있는가? 그렇다면 '14. 피로'에 나오는 질문을 통해서 도움을 찾아보라.

지나칠 정도로 전념했는데, 어떻게 그런 일이 일어났는가?

왜 그렇게 서두르는가? 내가 하려고 하는 것이나 되고 싶은 것은 무엇인가? 부자가 되고 싶은가? 아니면 유명해지고 싶은가? 아니면 둘 다 되고 싶은가? 이유가 무엇인가? 원하는 것이 성취되면 어떤 차이가 있을까?

자신을 위해 비현실적으로 높은 목표를 가졌는가?

몹시 성취하고 싶은 목표가 있는가? 동기를 부여해 주는 목표가 있는 것은 건강한 것이다. 그러나 목표가 당신의 주인이 되어서는 안 된다.

완벽해지려고 하는가?

당신은 완벽할 필요가 없고, 완벽할 수도 없다. 그러므로 긴장을 완화하라.

압박을 완화하는 데 도움을 줄 수 있는 사람은 누구인가?

압박을 느낄 때는 누구에게나 압박의 원인이 무엇인지, 어떻게 하면 압박을 완화시킬 수 있는지를 알고 도울 수 있는 객관적 외부인(또는 내부인)이 필요하다.

돈이 압박을 완화하는 데 도움이 되는가?

때때로 돈은 압박의 원인이 되는 문제들을 해결할 수 있다. 당신이 지금 그와 같은 경우인가?

시간의 압박을 느끼는가?

시간에 관한 여섯 가지 전망

1년

새로운 상황에서 시간의 압박을 느끼게 되는 이유 가운데 하나는 과거의 업무 기록이 없기 때문이다. 사람들은 목표로 삼고 착수한 일을 해내지 못하면서도 비현실적으로 높은 목표를 세우려고 하는 경향이 있다.

테드 W. 엥스트롬 박사는 "사람들은 1년 동안 할 수 있는 일에 대해서는 과대평가하는 경향이 있다. 그리고 5년 동안 할 수 있는 일에 대해서는 과소평가한다"고 말했다.

새로운 직책을 맡은 첫해에는 당신이 충분히 실적을 쌓을 수 있을 정도로 목표를 낮게 설정하라.

3년

새로운 중요한 계획을 무리 없이 진행하려면 보편적으로 3년이란 시간이 소요된다는 내 의견에 많은 경영자가 동의했다. 진실로 당신의 길을 가는 것이다.

첫해는 방향을 설정하고 실험을 하는 해다. 당신은 핵심적인 사람, 중요한 변수, 중요한 장애물과 그 이외의 것에 대해 배우게 될 것이다.

둘째 해는 당신이 생각하는 중요한 해결을 착수하는 해다. 해결책을 실행하고 개선함으로써 자신이 모범이 되는 시기다.

때때로 2년 반에서 3년 정도가 되면 족쇄처럼 느껴지는 다양한 어려움들로 인하여 갑작스럽게 '이것은 안 될 거야' 하는 느낌을 갖게 될 수도 있다. 그러나 그 느낌은 계속 일을 하며 앞으로 나아갈 때 일반적으로 없어진다.

3년이 지나면 그 계획은 확실히 성공할 것으로 나타나거나 결코 성공할 수 없는 일이 될 것이다.

5년

테드 엥스트롬의 말을 다시 인용하여 풀면, 사람들은 대개 1년 안에 할 수 있는 일은 과대평가하고 5년 안에 할 수 있는 일은 과소평가한다. 그러나 대부분 계획안은 5년이 지난 후 말기에 가서 보면 시작할 때 상상한 것보다 좀더 많은 것들을 볼 수 있다.

10년

당신의 삶을 계획하라. 그렇게 하면 오늘부터 10년 후에 당신은 일생의 절정에 있을 것이다. 최고를 보게 될 것이고, 최고로 느낄 것이고, 과거의 어떤 때보다도 훨씬 능률적이 될 것이다. 당신의 삶에서 최고의 해를 세우라.

그러나 매년 생일이 돌아오면 당신의 최고의 해를 1년 뒤로 옮기라. 이렇게 하는 것이다. 마흔 살이면 쉰 살이 되는 해를 당신의 최고의 해로 준비해 갈 수 있다. 그리고 쉰 살이면 예순 살을 준비할 수 있다.

이것은 당신이 평생 배워야 하는 사람이라는 것을 이해하는 데 도움을 준다. 앞으로는 원하는 곳에 도착했다는 감정에 결코 이르지 못할 것이다. 과거에 인생의 절정이 있었다는 느낌 대신 당신은 언제나 미래 중심으로 앞으로 나아갈 방향을 가지게 될 것이다.

30년

당신은 과거 30년간 어떻게 살아왔는가? 만약 당신이 계속해서 성장하는 사람이라면 앞으로 30년 후에 당신이 갖게 될 성숙함이나 힘들은 30년 전의 삶에 비하여 말할 수 없이 크고 이해할 수 없을 정도가 될 것이다. 놀라운 미래를 기대하라.

500년

미래에 언젠가는 당신이 지금 느끼는 매순간의 일상적인 압박이 더 이상 존재하지 않을 것이다. 숨이 멈추어진 후에 당신은 세상에 어떤 유산을 남길 것인가?

┤ 꼭 기억할 것! ├

미래에 강력한 압박을 느끼게 될 때 이 책으로 돌아와 이 단원을 펴고 다음에 소개하는 질문들을 자신에게 하라.

- 오늘 어깨를 무겁게 누르는 특별한 것은 무엇인가?
- 오늘 가장 압박이 되는 세 가지 결정은 무엇인가?
- 적당한 휴식을 취하는가?
- 지나칠 정도로 전념했는데, 어떻게 그런 일이 일어났는가?
- 자신을 위해 비현실적으로 높은 목표를 가졌는가?
- 완벽해지려고 하는가?
- 압박을 완화하는 데 도움을 줄 수 있는 사람은 누구인가?
- 돈이 압박을 완화하는 데 도움이 되는가?

바른 질문을 아는 것은 불필요한 압박을 줄이고 자신감 넘치는 리더십을 증대시켜 준다.

PRIORITIZING

25
우선순위

'나는 수천 가지의 다른 방향으로 가고 있다. 나는 얼른 멈추어 서서 곧바로 우선적으로 해야 할 것을 생각한다.'

이와 같은 식으로 느낀 일이 얼마나 되는가?

올바르게 우선순위를 매기는 것은, 간단히 생각하면 '목표를 향하여 효과적으로 움직이기 위해서 다음에 무엇을 해야 하는가를 결정하는 것'을 의미한다.

> 올바르지 않은 일에 에너지를
> 낭비하지 않는 사람은 현명하다.
> 잘할 수 있는 것을 선택하고
> 최선을 다하는 사람은 훨씬 더 현명하다.
> — 윌리엄 그래드스턴

대부분의 사람이 효과적으로 우선순위를 세우지 못하는데 그것은 목표가 없기 때문이다. 목표가 없으면 올바르게 우선순위를 정하는 것이 불가능하다. 물론 목표 세우기에는 그 자체도 우선순위가 포함되어 있다. 다른 사람을 무시하거나 거부하는 것이 아니라 우선적으로 목표를 선택함으로써 당신은 '저것보다는 이것이 내가 해야 할 좀더 중요한 일이다'라고 말할 수 있다.

이탈리아의 경제학자 파레토는 만약 당신이 노아고 당신이 타고 있는 방주가 물속으로 가라앉는다면 코끼리를 첫 번째로 버려야 한다고 제안했다. 올바른 우선순위를 정하는 것은 이와 같다. 가장 중요하고 유익이 되는 행위를 규명하고 그것을 우선적으로 하는 것이다.

> 우선순위란,
> 목표를 향해 가장 효과적으로 움직이기 위해서 다음에 무엇을 해야 하는지를 결정하는 것이다.

다음의 질문들이 올바른 우선순위를 정하는 데 도움이 되게 하라.

올해에 단지 세 가지의 측정 가능한 목표를 성취한다면 그것들은 무엇인가?

1년 안에, 5년 안에, 또는 일생 동안 하려고 하는 것이 있다면 그 일을 하라. 그것이 당신이 먼저 해야 할 일이다.

이러한 생각의 과정을 돕기 위해 227쪽에 나오는 '단 1년'의 특한 질문 목록을 1년에 한 번씩 점검하라.

> 이루어진 것을 얻는 고상한 기술 외에,
> 이루어지지 않은 것은 버리는 고상한 기술도 있다.
> 인생의 지혜는 중요하지 않은 것을 생략하는 것으로 이루어진다.
>
> – 임어당(林語堂)
>
> 하지 말아야 할 일을 결정하는 것은
> 해야 할 일을 결정하는 것만큼이나 중요하다.
>
> – 아치 B. 패리시

석 달 안에 성취하고 싶은 상위 여섯 가지는 무엇인가?

목록을 만들라. 1년의 목표로 나아가는 데 우선순위를 제공하는 중간 목표를 갖는 것은 중요하다.

오늘 할 수 있는 세 가지를 선택한다면 그것들은 무엇인가?

그것이 바로 당신의 중간 목표와 1년의 목표로 나아갈 수 있게 하는 눈앞의 목표다.

7일 안에 달성해야 하는 것은 무엇인가? 어떻게 그것들의 중요성을 평가할 수 있는가?

앞에서 제안한 것처럼, 그것이 20개든지 또는 50개든지 아니면 75개가 되든지 간에, 이것은 당신이 하고 싶어하는 목록, 해야 하는 목록을 모두 망라한 것이다.

이 목록이 완전하게 작성되었을 때, 각 목록을 보면서 우선순위를 할당하라. 가장 중요한 것에는 A, 그 다음에 것에는 B, 덜 중요한 것은 C 또는 D가 된다. 그런 다음에 A목록만을 보면서 다시 A1, A2, A3 등으로 우선순위를 정하라.

> 나는 생각을 어지럽히고 본질적인 것에서
> 주의를 흩뜨리게 하는 수많은 것에서 원리를 이끌고
> 그 밖의 모든 것은 다호하게 외면하는 방법을 일찌감치 배웠다.
> – 알베르트 아인슈타인

일반적으로 나는 평소에 해야 하는 35개의 목록으로 이러한 형식에 맞추어 2분 동안에 우선순위를 정할 수 있다.

정말로 해야 할 일의 목록은 무엇인가? 하려고 하지만 할 수 없는 것의 목록은 무엇인가?

다시 말하면, 단지 원하는 것과 정말로 해야 하는 것을 구별해야 한다.

목록 중에서 위임할 수 있는 것은 무엇인가?

'9. 위임'을 보라.

단 1년

(1년에 한 번, 생일 또는 새해 첫해에 자신에 물어 보라)

- 인간으로서 나의 가장 큰 장점이나 독특성은 무엇인가?
- 나를 심히 부담스럽게 하거나 나를 가장 제한했다고 느끼는 하나의 요구나 상황은 무엇인가?
- 올해 내가 가장 세워 주고, 발전시키고, 가르치고 싶은 사람은 누구인가?
- 올해 내가 가장 배우고 싶은 사람은 누구인가?
- 모든 일을 할 수 있다면 그 가운데 올해 내가 할 수 있는 유일한 것은?
- 올해 내가 가장 구입하고 싶은 한 가지는?
- 올해 내가 가장 여행하고 싶은 한 곳은?
- 올해 나를 잡아당기는 가장 방해가 되는 것은?
- 장애물을 제거하는 데 가장 도움이 되는 한 가지는 무엇인가?
- 올해 수입의 10%를 투자해서 대답하거나 해결해야 하는 문제는 무엇인가?
- 올해 내가 사람들에게 가장 가르치고 싶은 유일한 진리나 원칙은 무엇인가?
- 올해 내가 가장 고치고 싶은 습관 한 가지는 무엇인가?
- 올해 내가 가장 길들이고 싶은 습관 한 가지는 무엇인가?
- 올해 개인적으로 가장 성장시키고 싶은 한 가지 영역은 무엇인가?

목록 중에서 연기할 수 있는 것은 무엇인가?
연기할 수 있는 것을 한 주간 연기하는 것은 압박으로부터 완화시키고 다시 우선순위를 정하는 데 도움을 줄 수 있다.

목록 중에서 확실히 하지 말아야 할 것은 무엇인가?
기억하라. 하지 말아야 할 것을 결정하는 것도 중요하다.

우선순위에 관하여 객관적으로 보도록 도와 줄 수 있는 친구가 필요한가?
누가 이것을 당신을 위해 할 것인가?

> 이 둘 사이를 구별하라.
> 돈을 가장 잘 사용하는 것과 잘 사용하는 것.
> 시간을 가장 잘 사용하는 것과 잘 사용하는 것.
> 에너지를 가장 잘 사용하는 것과 잘 사용하는 것.

꼭 기억할 것!

미래에 목표를 달성하기 위해서 다음에 무엇을 해야 하는가를 선택하게 될 경우에, 이 단원으로 돌아와 자신에게 질문을 던져라.

- 올해에 단지 세 가지의 측정 가능한 목표를 성취한다면 그것들은 무엇인가?
- 석 달 안에 성취하고 싶은 상위 여섯 가지는 무엇인가?
- 오늘 할 수 있는 세 가지를 선택한다면 그것들은 무엇인가?
- 7일 안에 달성해야 하는 것은 무엇인가? 어떻게 그것들의 중요성을 평가할 수 있는가?
- 정말로 해야 할 일의 목록은 무엇인가? 하려고 하지만 할 수 없는 것의 목록은 무엇인가?
- 목록 중에서 위임할 수 있는 것은 무엇인가?
- 목록 중에서 연기할 수 있는 것은 무엇인가?
- 목록 중에서 확실히 하지 말아야 할 것은 무엇인가?
- 우선순위에 관하여 객관적으로 보도록 도와 줄 수 있는 친구가 필요한가?

올바른 질문을 아는 것은 우선순위를 정할 때 당신을 현명하게 하고 자신감이 넘치는 리더십을 향상시키게 될 것이다.

PROBLEM SOLVING

26
문제 해결

문제를 해결하는 것이 문제의 마지막은 아니다. 그것은 그 다음의 문제를 가져온다.

모든 사람이 항상 문제와 대면하면서 살아가고 있으며, 인간의 가치는 이러한 문제를 해결하고 정복하는 데 있다. 문제를 없애려고 하기보다는 그러한 문제들을 효과적으로 다루기 위하여 삶 가운데 과정이 존재하는 것이다.

오늘 직면한 문제에 어떻게 우선순위를 정하는가?

리처드 슬로마는 풀어야 할 문제에 대해 이렇게 말했다.

"모든 문제를 한꺼번에 해결하려고 하지 말라. 모든 문제를 한 가지씩 일렬로 세우라."

당신이 직면한 문제가 3개든, 30개든, 300개든 한 파일에 담아 놓고 한 번에 하나씩만 대면하라.

한마디로 말하면 문제가 무엇인가?

문제를 해결하는 것과 결정을 내리는 것과의 차이를 마음에 담아 두라. '결정'은 두 가지나 그 이상의 것 가운데 원하는 것을 선택하는 것이다.

"피닉스로 갈까? 시카고로 갈까?"

'문제'는 당신의 의도나 기대에 반대되는 상황으로 진행되는 것이다.

"나는 시카고로 가고 싶었는데 결국 디트로이트로 갔다."

"나는 은행에 5만 달러를 저금하고 싶었는데 지금은 5만 달러 적자다."

이 문제를 해결하기 위한 나의 능력에 개인적 균형이나 불균형이 어떻게 영향을 주는가?

정신적으로나 신체적으로 피곤한가? 그렇다면 당신이 갈등하고 있는 문제의 해결을 찾는 데 시간이 더 걸릴지도 모른다.

이 문제와 관계된 사실은 무엇인가?

피터 드러커의 말을 기억하라.

"사실들이 명확하면, 결정을 하기가 쉬워진다."

이 문제와 관계된 사실은 무엇인가? 문제를 해결하기 위한 가장 현실적인 선택은 무엇인가?

왜 문제가 존재하는가?

이 문제의 원인은 무엇인가? 다시 이 문제가 일어나지 않도록 방지하려면 어떻게 해야 하는가?

이 문제에 영향을 줄 수 있는 가장 커다란 자원 세 가지는 무엇인가?

최고의 자원은 다른 사람, 공식, 도구, 또는 그 외의 것이 될 수 있다. 그것들을 기록해 보라.

이 문제를 해결할 수 있도록 도움을 줄 수 있는 사람은 누구인가?

이 분야에서 실제적으로 심도 있게 알고 있는 전문가가 당신을 도울 수 있다. 아니면 도울 수 있는 객관적인 견해를 가진 사람을 찾아야 한다. 그 문제에 연루되었지만 상황을 다른 각도에서 보는 사람을 찾아라.

이 문제를 해결하기 위해 필요한 시간을 사용할 수 있는가?

돈이 있다면 문제를 해결하는 데 소요되는 시간의 양을 줄이기 위해서 도울 사람을 고용하거나 도구를 살 수 있다.

몇 가지 문제는 매우 중요해서 곧바로 해결되어야 한다. 이것을 해결하는 데는 많은 비용이 든다. 예를 들면 매분마다 헤아릴 수 없이 많은 기름을 태워 버리는 석유 정제소의 불꽃과 같은 것들이 있다. 다른 문제들은 기다릴 수 있다.

물론 어떤 문제는 당신이 소비한 자원의 양과는 상관없이 일정하게 정해진 만큼의 시간이 필요한 것도 있다. 예를 들어 아이가 태어나려면 몇 달 만에 출산해야겠다는 어머니의 의지와는 상관없이 열 달 동안 어머니의 배 속에 있어야 한다.

이 문제에 대한 잠재적인 해결책 가운데 최고의 것은 무엇인가? 어떠한 것이 가장 안전한가?

결정하기 전에는 가능한 모든 해결책에 무게를 두고, 그 후에는 한 가지 최선의 해결책으로 나가라.

이 문제가 재발하지 않기 위한 정책은 무엇인가?

정책이란 단어에 대해 명확한 정의를 내릴 수 있는 사람은 거의 없다. 정책이란 단어에 가능한 정의는 다음과 같다.

'정책이란 우리가 항상 하는 것이거나 결코 하지 않는 것이다.'

문제를 해결하는 과정에서 재발을 피하고 당신을 도울 수 있는 것이 무엇인지를 배우라.

꼭 기억할 것!

중요한 문제와 갈등하게 될 때, 이 단원의 질문을 자신에게 하라.

- 오늘 직면한 문제에 어떻게 우선순위를 정하는가?
- 한마디로 말하면 문제가 무엇인가?
- 이 문제를 해결하기 위한 나의 능력에 개인적 균형이나 불균형이 어떻게 영향을 주는가?
- 이 문제와 관계된 사실은 무엇인가?
- 왜 문제가 존재하는가?
- 이 문제에 영향을 줄 수 있는 가장 커다란 자원 세 가지는 무엇인가?
- 이 문제를 해결할 수 있도록 도울 수 있는 사람은 누구인가?
- 이 문제를 해결하기 위해 필요한 시간을 사용할 수 있는가?
- 이 문제에 대한 잠재적인 해결책 가운데 최고의 것은 무엇인가? 어떠한 것이 가장 안전한가?
- 이 문제가 재발하지 않기 위한 정책은 무엇인가?

올바른 질문을 알고 묻는 것은 올바른 해결책으로 이끌며, 자신감이 넘치는 리더십을 향상시킨다.

RECRUITING

27
사원 모집

어떤 회사나 조직에서 성공의 60~80%는 세 가지 요소에 달려 있다.

(1) 분명한 방향
(2) 좋은 팀원
(3) 건전한 재정 상태의 유지

사람들을 올바른 위치에 배치하는 것만큼 중요한 것은 없다.
어떻게 그러한 일을 할 수 있을까?
성공적인 신입 사원 채용의 절반은 단순히 당신이 원하는 것이 이루어졌는가를 아는 것이다. 일단 그것을 알고 나면, 일에 맞는 후보를 선정하고, 그 후보가 원하는 것이 이루어졌는지를 아는 것이 성공적인 신입 사원 채용의 나머지 반이다. 만약 위의 두 가지 것이 같다면 당신은 일에 대한 좋은 관계를 갖고 시작할 수 있다.

개인 비서를 채용할 때 나는 항상 숙달된 편집자, 숙련된 타이피스트, 사람들과의 관계에 편안하고 재능이 있는 사람, 전화를 걸고 받는 일을 즐거운 마음으로 할 수 있는 사람, 여행 준비에 능숙한 사람을 원한다.

사원을 채용하기 위해 면접을 하게 되는 경우, 나는 면접을 받는 사람에게 이렇게 물어 본다.

"당신이 정말로 즐기면서 하는 것은 무엇입니까?"

앞에 말한 다섯 가지를 모두 만족시키는 사람을 만나면 나는 기뻐서 흥분을 감출 수 없다.

좀더 나은 만남을 위해서 도움을 줄 수 있는 질문을 생각해 보자.

정확히 해결해야 하는 일이 무엇인가?

종이에 되도록 자세하게 필요한 직책을 한정하라. 이 직책에 맞는 사람에게 필요한 장점과 기술의 목록을 작성하라. 당신이 원하는 것이 무엇인지를 알고 있어야 한다.

이 직책에 얼마를 지불할 수 있고, 하려고 하는가?

주어진 일에 알맞은 사람을 고용하고, 그 사람이 일할 수 있게 하는 자원을 가지고 있다는 확신을 가져라.

유력한 채용 후보자가 있을 때 다음과 같이 질문하라.

올바르게 작성된 참고 자료를 검토했는가?

채용 후보의 정직성에 대해 질문하라. 만약 사소한 것을 포함해서 모든 면에서 신뢰를 줄 수 없다면, 실제로 그를 신뢰하지 말라.

두 번째로 채용 후보의 학습 능력에 대해 질문하라. 만약 그가 배우려 하지 않는다면 그는 성장하기를 멈춘 것이다.

그에게 테스트나 인사 기록이 필요한가?

한 사람의 역할 선호도 또는 개인적인 특성에 관한 초기의 테스트는 채용 후보자의 좀더 나은 모습을 보여 주는 데 도움이 된다. 그는 다른 사람들에 대하여 어떠한 생각이나 느낌을 가지고 있는가?

이 평가의 목적은 마지막 결정을 하는 것이 아니다. 최후의 결정을 내리기 전에 필요한 조사에 관한 질문을 드러내는 것이다.

내가 사랑하는 사람들이 그를 위해서 일하기를 원하는가? 그 이유는? 그렇지 않은 이유는?

자녀나 배우자 또는 다른 가족이 이 채용 후보자를 위해 일하기를 원하는가? 만약 그렇지 않다면 당신은 그를 다른 사람들을 이끌고 영향을 주는 직원으로 원하지 않는 것이다.

그에 관하여 미련이 남아 있는 질문은 무엇인가?

마지막 채용 결정을 내리기 전에 적어도 이러한 것들의 99%는 대답해야 한다. 마음속에 있는 의심들에 대해 대답하라.

그와 적어도 두세 번은 인터뷰하기를 권하고 싶다. 늘 첫 번째 인터뷰 후에 묻고 싶은 것이 마음에 떠오른다. 그 사람을 채용한 후에 질문하는 것보다 두 번째 인터뷰에서 대답을 듣는 게 더 나은 질문을 하라.

첫 번째 인터뷰 후에 채용 후보자에게 샘플이 되는 일의 과제를 주는 것 역시 도움이 된다. 가능하다면 직책에 대한 시험 기간을 갖는 것이 후보자나 채용하는 사람 모두에게 이상적이다.

그가 일을 할 수 있다는 확신이 든다면, 왜 그렇게 느끼는가?

인터뷰를 하는 과정에서 그에게 이 일을 하면서 마주치게 될 어려운 작업 상황을 묘사하고, 그런 상황이 벌어졌을 때 어떻게 할 것인가를 물어 보라.

이력서 외에는 어떤 것도 감출 수 없는 상황이다. 채용 후보자는 어떻게 대처하는지 잘 알거나 아니면 잘 모른다고 할 것이다.

채용하는 이유가 그의 분명한 장점 때문인가? 아니면 특별한 단점이 없기 때문인가?

누군가의 빈자리를 채우기 위해 당신이 찾고 있는 사람의 주요한 장점은 무엇인가? 이 채용 후보자는 그것을 가지고 있는가?

채용 결정을 내리기 전에 질문해야 할 다른 것은 없는가?

다시 테이블 위에 질문해야 할 것을 꺼내 놓고, 남아 있는 질문이 있는지 체크해 보라.

채용 결정이 내려진 후 기록한 사항에 틀린 곳이 있는지 확인할 시간이 있는가?

제리 발라드는 "모든 오해는 서로 다른 가정(假定)의 결과다"라고 말했다. 당신과 새로운 직원이 무엇을 할 것이며, 월급은 얼마며, 다른 중요한 것에 동의하고 있는지를 체크하라.

┤ 꼭 기억할 것! ├

　새로운 직원을 채용하기 전에 이 단원으로 돌아와 다음의 질문을 스스로에게 하라.

- 정확히 해결해야 하는 일이 무엇인가?
- 이 직책에 얼마를 지불할 수 있고, 하려고 하는가?
- 올바르게 작성된 참고 자료를 검토했는가?
- 그에게 테스트나 인사 기록이 필요한가?
- 내가 사랑하는 사람들이 그를 위해서 일하기를 원하는가? 그 이유는? 그렇지 않은 이유는?
- 그에 관하여 미련이 남아 있는 질문은 무엇인가?
- 그가 일을 할 수 있다는 확신이 든다면, 왜 그렇게 느끼는가?
- 채용하는 이유가 그의 분명한 장점 때문인가? 아니면 특별한 단점이 없기 때문인가?
- 채용 결정을 내리기 전에 질문해야 할 다른 것은 없는가?
- 채용 결정이 내려진 후 기록한 사항에 틀린 곳이 있는지 확인할 시간이 있는가?

　올바른 질문을 아는 것은 당신의 고용 기술을 날카롭게 하고 객관화하며 자신감이 넘치는 리더십을 향상시켜 준다.

REPORTING

28
보고

지도자로서 당신은 직원이 그의 목표를 성취할 수 있도록 도울 책임이 있다. 목표는 당신과 직원이 동의한 것이다.

그들을 돕기 위해서 당신은 적어도 도움이 되는 다섯 가지 방법을 제공해야 하는 책임이 있다.

- 필요하다고 판단되면 분명한 결정을 내려 주어야 한다.
- 직원이 실제적이고, 잘 정리되고, 성취할 수 있는 목표나 계획을 세울 수 있도록 도와 주어야 한다.
- 직원이 목표에 도달하지 못하도록 방해하는 장애물을 제거하는 데 도움을 주어야 한다.
- 직원이 중요한 성과를 성취할 때 격려해야 한다.

- 직원의 삶에 있는 개인적인 문제를 알고, 어려울 때 힘이 되어 주고 일이 잘 되었을 때는 축하해 주어야 한다.

물론 직원에게 필요한 결정이 무엇인지, 어떤 문제가 있는지, 설정한 목표는 무엇인지, 하고 있는 일이 어떻게 진행되고 있는지를 모른다면 앞에 말한 목록은 수행할 수가 없다.

이와 같은 정보가 들어오는 통로가 바로 보고다.

직원들로부터 효과적인 보고는 당신과 직원이 함께 세운 목표를 각 직원이 자신의 목표로 분명하게 정하고 있다는 것을 가정한다. 목표가 없으면 직원이 보고할 이유가 없다. 당연히 보고를 충분히 이해할 수도 없다.

일단 목표가 적절하면 보고의 과정에서 당신의 관심은, 직원들이 목표를 성취할 수 있도록 돕는 당신의 책임에 쏠려야 한다.

다음의 질문은 직원에게 필요한 정보를 얻으려고 할 때 사용할 수 있다.

또한 당신이 위원회나 상사에게 보고할 때도 사용할 수 있다. 다음의 질문은 그들에게 의견을 제출할 때는 물론 질문할 때 어떠한 근거로 해야 하는지를 알도록 도움을 줄 것이다.

직원에게 필요한 '결정'은 무엇인가?

최고 실행 위원회 경영진이라 할지라도 당신이 내린 명확하고 중요한 결정 없이 일을 진행할 수 없을 때가 있다. 그럴 때 직원은 당신의 결정을 기다리게 되는데, 때때로 그것은 '막혀진 기분'을 느끼게 하며 더 이상 앞으로 나아갈 수 없게 한다. 만약 당신이 결정을 내려 줄 수 없다면, 예정한 시간에 목표에 도달하지 못한다고 해도 직원에 게는 책임이 없다고 할 수 있다.

기본적인 틀 위에서 직원이 당신에게 듣기 원하는 결정을 찾아 내야 한다. 또 직원은 글로 써서 보고하는 규칙적인 보고서를 통하여 자신들이 원하는 것을 분명하게 언급해야 한다.

직원이 직면한 '문제' 중에 내가 도와줄 수 있는 것은 무엇인가?

일반적으로 직원에게는 당신의 도움이 필요한 두세 가지 문제가 있다. 만약 직원에게 20~30개의 문제가 있다면 그것은 그동안 당신이 충분히 보고를 받지 못했거나, 문제의 몇 개는 매우 작거나, 당신의 개입이 없어도 효과적으로 처리할 수 있기 때문이다.

직원이 문제를 보고할 때 추천된 의견에 따라 세 가지 정도의 해결책이 가능하다. 예를 들어 한 직원이 새로운 컴퓨터 프로그램이 작동하지 않는다고 보고한다면, 그 직원은 다음과 같이 세 가지의 의견을 말할 수 있다.

(1) 새로운 컴퓨터를 사는 것
(2) 컴퓨터를 다시 프로그램하는 것
(3) 전문가를 불러서 검사하는 것

세 번째 의견을 추천한다. 오랜 시간을 두고 토론한 후 똑같은 결론으로 가기보다는 그 자리에서 바로 "나는 이 의견에 동의합니다. 진행하시지요"라고 말하는 것이 좋다. 직원은 항상 다한 숙제를 가

보고에 대한 덧붙임
당신의 질문에 대한 대답

- 얼마나 자주 직원의 보고를 받는가?
  매주, 2주, 매달마다가 일반적이다. 복잡하거나 상투적이지 않은 일일수록 프로그램과 문제들을 그때그때 따라가야 한다.
- 보고서가 늘 글로 작성되는가?
  씌어진 보고서는 상근 직원을 위해서 내가 추천하는 것이다.
- 직원이 보고서를 제출하지 않는다면 무엇 때문인가?
  직원에게 보고서의 중요성을 설명하고, 보고서가 직원에게 필요한 것을 제공한다는 것을 말하라. 직원이 무엇을 어떻게 하는지 모른다면 당신은 그를 도울 수 없다.
- 내가 보고 체계를 소개한다면 직원에게서 어떤 반응을 기대할 수 있는가? 전형적으로 다음과 같은 분석이 나온다.

  80% - 당신의 헌신에 대한 안도와 감사

  15% - 자신의 수행 능력에 대한 자신감의 부족에서 오는 두려움

  5% - 전형적으로, 권위에 대한 반항에서 오는 저항들
- 어떻게 직원을 보고 체계에 맞출 것인가?
  이 단원에 제시된 보고에 관한 몇 가지 질문은 일대일로 하면 더 좋다.
  "직원에게 필요한 결정은 무엇인가?" "직원이 직면한 문제 중에 내가 도와줄 수 있는 것은 무엇인가?" "개인적으로 직원들이 어떻게 지내는가?" 다른 것들은 그룹에 적당하다. "우리가 토론하지 못한 것을 직원들이 계획하고 있는 것은 무엇인가?" "직원이 만들어낸 '진보'는 무엇인가?"

지고 오기 때문이다.

우리가 토론하지 못한 것을 직원들이 '계획'하고 있는 것은 무엇인가?

직원들은 때때로 당신이 지불할 수 있는 것보다 더 많은 비용이 드는 해결책이나 계획을 제시할 수도 있다. 당신도 돈이 지출되기 전에 그러한 것들을 알기 원할 것이다.

직원이 만들어 낸 '진보'는 무엇인가?

이것을 안다면, 당신은 직원들을 격려할 수 있다.

'개인적으로' 직원들이 어떻게 지내는가?

다시 말하지만 이러한 것을 앎으로서, 적당한 시기에 알맞은 격려를 해줄 수 있다.

다른 질문들

직원 각자가 1년 동안 성취해야 할 세 가지 목표에 대하여 분명히 이해하고 있는가?

직원에게서 필요한 보고를 얼마나 자주 받는가?

직원에게 정기적으로 필요한 그래프나 도표와 같은 시청각적인 자료는 무엇인가?

상사나 위원회에 보고할 필요한 정보를 직원에게서 얻는 것은 어떤 것인가?

직원 보고서

이름 : _____
날짜 : _____

1. 다음과 같은 항목에 대해 '결정'을 해주시기 바랍니다.

2. 다음과 같은 것에 대한 '문제'가 있습니다.

3. 다음과 같은 것을 '계획' 합니다.

4. 다음과 같은 영역에서 '진보'가 있었습니다.

5. '개인적으로' 진행하는 것에 대한 최신 정보는 이것입니다.

┤ 꼭 기억할 것! ├

　목표를 성취하기 위해 직원에게 도움을 주는 보고 시스템을 유지하기 위해서 이러한 질문들을 다시 생각해 보라.

직원을 위한 질문
- 직원에게 필요한 '결정'은 무엇인가?
- 직원이 직면한 '문제' 중에 내가 도와줄 수 있는 것은 무엇인가?
- 우리가 토론하지 못한 것을 직원들이 '계획'하고 있는 것은 무엇인가?
- 직원이 만들어 낸 '진보'는 무엇인가?
- '개인적으로' 어떻게 지내는가?

당신을 위한 질문
- 직원 각자가 1년 동안 성취해야 할 세 가지 목표에 대하여 분명히 이해하고 있는가?
- 직원에게서 필요한 보고를 얼마나 자주 받는가?
- 직원에게 정기적으로 필요한 그래프나 도표와 같은 시청각적인 자료는 무엇인가?
- 상사나 위원회에 보고할 필요한 정보를 직원에게서 얻는 것은 어떤 것인가?

　올바른 질문을 알고 물음으로써 당신은 직원을 지원할 뿐만 아니라 자신감 넘치는 리더십을 증가시킬 수 있다.

RISK TAKING

29
위험 감수

"일어날 수 있는 최악의 일과 일어날 수 있는 최선의 일을 알기까지 당신의 균형은 불안정할 것이다."

법인 회사의 회장이면서 나의 오랜 친구인 폴 슐데이스의 말은 지혜롭게 위험을 감수하는 것에 대한 본질이 무엇인지를 잘 알려 준다. 위험 감수에 대한 말이 언급될 때 어떤 사람들은 "그것은 안 돼요. 잘못될 거야······" 하고 자동적으로 반응한다. 그들은 항상 아래쪽만 바라본다. 반대편에는 비현실적일 정도로 이상주의자들이 있다. 그들은 끊임없이 실현될 아름다운 생각을 하면서 잘못된다는 생각은 거의 안 한다. 심지어 위험조차 생각하지 않는다.

성숙은 양쪽 면을 다 생각한 다음 현명한 결정을 내리는 것이다. 성숙은 증거에 무게를 두고 "맞아, 잘못될 수도 있어. 아니, 맞아, 잘 될 수도 있어. 우리는 여기에 있어. 우리는 이 위험한 상황을 준비할 수도, 준비하지 않을 수도 있어"라고 말하는 것이다.

오늘 당신이 생각하는 가장 위험한 것은 무엇인가? 중요한 구매인가? 중요한 이동인가? 새로운 사업인가? 그것이 무엇이든지 간에 다음과 같은 질문이 중요한 위험을 분석하여 현명한 결정을 내리는 데 도움을 줄 것이다.

> ### 계획과 위험
>
> 사업의 실패나 잘못된 결정이 계획을 많이 했기 때문에 나타나는 경우는 거의 없다. 그것은 대개 경영자의 자만심에서 찾아진다.
> "나는 계획이 필요 없어. 어떤 문제가 발생하든 나는 처리할 수 있어."
> 이러한 유혹이 사람을 실패하게 한다.
>
> – 리처드 S. 슬로마

일어날 수 있는 가장 나쁜 일은 무엇인가?

당신이 낙관적인 사람이라면 비관적인 사람에게 당신의 상황을 말해 보라.

일어날 수 있는 가장 좋은 일은 무엇인가?

당신이 비관적인 사람이라면 낙관적인 사람에게 당신의 상황을 말해 보라.

위험을 감수할 가치가 있는가?

앞의 두 가지 질문을 한 후에 당신은 근본적인 문제에 다다르게 된다. 위험을 감수할 가치가 있는가?

실제로 당신이 한 모든 결정은 위험한 요소를 내포한다. 지도자로서 당신은 위험을 피할 수 없다. 그러나 바보 같은 위험을 피할 수는 있다.

적절한 상담을 구했는가?

돈이 관련된 중요한 위험이라면 믿을 만한 재정 문제 전문가에게 상황을 점검하게 하라. 법률적인 문제가 위험 요소에 포함되어 있다면 변호사에게 점검하게 하라. 당신이 생각하는 것이 어떤 위험이든지 그 분야에서 경험 있는 사람을 찾아라. 비슷한 위험에 여러 번 처해 본 경험이 있는 사람을 찾는 것은 더 좋은 방법이다.

상황의 과정과 내용을 완벽하게 이해하고 있는가?

사실(당신이 사실이라고 '아는 것')이나 가정(당신이 단지 사실이라고 '믿는 것')에 대해 결단을 내렸는가?

모든 단계에서 제안된 계획이나 구매, 사업추진 계획안을 주의 깊게 분석하라. 당신의 가정이 사실로 변하기 위해 알아야 할 것을 찾아야 한다.

'생각을 넓히는 질문'을 던지고 있는가?
'1. 질문하기'를 펴고, 당신이 가장 중요하다고 생각하는 질문을 다시 생각해 보라.

위험에 대하여 명확한 기준을 세워 두었는가?
다른 말로 하면, 어떠한 위험을 감수하려고 할 때 고려해야 할 상황은 무엇인가?

위험이 존재하는 상황에서 위험을 최소화하기 위해 계획서나 다음 단계를 어떻게 검토할 것인가?
월드비전의 은퇴한 회장 테드 엥스트롬 박사는 새로운 구매 계획을 세울 때 필요해서 구입하기로 한 것보다 물건을 적게 구입하라고 추천한다. 창고에 필요 없는 물건이 가득한 것보다는 지금 당장 필요한 것만 사는 것에 비용을 지출하는 편이 낫다는 것이다.

일정 수준을 넘을 것인가, 넘지 않을 것인가에 관한 시금석을 세우고 있는가?
좀더 많은 자원을 투자하기 전에, 이 계획을 진행하는 것이 현실적인지를 재검토할 수 있는 일정 수준을 세우고, 그 수준에 맞는 제안된 계획을 수립하라.

어떤 상황에서 내가 행동하지 않아서 감수해야 할 위험은 무엇인가?

예를 들면 당신은 이 비용으로 다시는 필요한 이익을 얻을 수 없을지도 모른다.

위험에 관한 나의 가정을 검토할 수 있는 조사는 어떤 것이 있는가?

거리에서 만난 열 명의 사람이 새로운 것을 원한다고 해서 대중들이 새로운 계획을 좋아한다고 생각하여 일을 진행하지 말라.

위험에 관한 기본 생각에 팀원과 내가 동의하고 있는가?

비용을 지출할 때 그리고 좀더 중요한 문제에서 팀과의 불일치를 피하라.

모든 사람은 위험을 감수해야 한다. 그러나 계획과 연구, 즉 올바른 질문에 대한 물음은 당신이 감수해야 할 불필요하고 현명하지 못한 위험을 감소시키는 데 도움이 될 수 있다.

┤ 꼭 기억할 것! ├

주요한 위험을 감지하게 될 때 이 단원으로 돌아와 다음과 같은 기본적인 질문을 자신에게 물어 보라.

- 일어날 수 있는 가장 나쁜 일은 무엇인가?
- 일어날 수 있는 가장 좋은 일은 무엇인가?
- 위험을 감수할 가치가 있는가?
- 적절한 상담을 구했는가?
- 상황의 과정과 내용을 완벽하게 이해하고 있는가?
- '생각을 넓히는 질문'을 던지고 있는가?
- 위험에 대하여 명확한 기준을 세워두었는가?
- 위험이 존재하는 상황에서 위험을 최소화하기 위해 계획서나 다음 단계를 어떻게 검토할 것인가?
- 일정 수준을 넘을 것인가, 넘지 않을 것인가에 관한 시금석을 세우고 있는가?
- 어떤 상황에서 내가 행동하지 않아서 감수해야 할 위험은 무엇인가?
- 위험에 관한 나의 가정을 검토할 수 있는 조사는 어떤 것이 있는가?
- 위험에 관한 기본 생각에 팀원과 내가 동의하고 있는가?

올바른 질문을 알고 묻는 것은 당신을 좀더 성숙한 위기 대처가로 만들고 자신감 넘치는 리더십을 발전시키게 한다.

TEAM BUILDING

30
팀 세우기

많은 사람이 팀을 세우는 것은 격려를 통하여 인위적으로 얻어진다고 생각한다.

그러나 공통의 목적을 위해 연합된 팀을 발전시키는 것은 단순한 격려보다 더 복잡하다. 반나절 동안 말만 하기보다는 좀더 많은 계획과 노력이 필요하다.

팀 세우기에 있어서 좀더 실질적인 구성 요소에 초점을 맞추도록 돕는 몇 가지 질문을 소개한다.

팀에 영감을 주는 꿈은 무엇인가?

사람들에게는 꿈이 필요하다. '12. 희망'에서 언급했듯이 꿈은 요구가 있을 때 일어난다. 간절한 마음으로 원하는 것이 필요하다. 꿈은 필요한 성취 목표를 아는 것이다.

챔피언이나 슈퍼볼에서 승리하는 꿈이 없이 오직 연습만이 목표인 프로 축구 팀을 상상할 수 있을까?

분명히 팀도 가치 있다고 생각하는 목표를 향하여 나아간다.

당신이 속한 팀의 꿈은 무엇인가? 언젠가 사람들과 함께 달성하고 싶은 것은 무엇인가?

> 끊임없는 격려는
> 팀이라는 기계의 전동 장치에
> 기름이나 윤활유 같은 것이다.

실제적인 종합 계획은 무엇인가?

모든 팀원이 당신의 종합 계획을 알고 있는가? 당신의 계획을 내어놓고 적은 목표에 도달하거나 당신이 세운 목표를 성취했을 때 당신의 팀은 그러한 기쁨을 함께 나눌 수 있는가?

종합 계획은 하나의 쟁기에 힘센 열 마리의 말을 달아서 이용하는 것과 같다. 한 방향으로 한 가지 일에 모든 힘과 잠재력을 통합하는 것이다('18. 종합 계획'을 다시 보라).

개인적으로 또 팀으로 필요한 훈련과 도구는 무엇인가?

함께 팀을 세울 때 당신은 팀원에게 알맞은 훈련과 도구를 제공하는 일에 열중해야 한다. 일을 행하는 과정에서도 구성원을 세울 수 있다. 당신은 이 두 가지를 모두 할 수도 있다! 직원에게 알맞은 훈련과 도구를 제공하는 것이 이 두 가지 일에서 가장 큰 부분이다.

팀을 한 방향으로 유지하기 위해 필요한 의사 소통 체계는 무엇인가?

'28. 보고'를 다시 읽어 보라. 직원들은 진보와 문제, 두 가지에 대해 모두 말하고 있다. 너무나도 많은 직장과 조직에서 나는 직원들이 관리자에 대해 이렇게 말하는 것을 듣는다.

"우리는 그들에게서 무슨 일이 일어나고 있는지 모른다. 또한 그들은 우리에게 무슨 일이 일어나는지 모른다."

팀의 정신이나 팀의 자세가 있는가?

팀 구성원 사이에 상호 존중이 있어야 한다.

팀의 원칙이 있는가?

모든 팀원은 자신들이 하는 것에 최선을 다하는가?

우리의 장점은 상호 보충적인가?

일치는 다양성의 결과일 뿐 획일적인 것이 아니다. 축구 팀에서 구성원 모두가 쿼터백이 되기를 원하는 것을 상상해 보라.

우리에게는 유용한 최고의 사람이 있는가?

구성원의 절반이 없거나 다른 구성원과 어울릴 수 없다면 팀을 구성하기가 어렵다. 그것은 마치 중학생, 고등학생, 대학생, 일반 선수로 한 축구 팀이 구성된 것과 같다. 그들은 서로 상호 존중하지 못할 것이다. 그러므로 팀의 정신은 없다.

마지막 결론을 책임질 수 있는 '책임자'가 있는가?
당신이 진정한 팀의 리더인가? 그렇지 않다면 누구인가?

우리를 객관적으로 생각하게 하고, 우리 일을 객관적으로 볼 수 있도록 도와 주는 사람은 누구인가?
당신의 팀이 잘 되도록 객관적이고 대안적인 도움을 줄 수 있는 어떤 외부인이 있는가?

팀으로 일한 경험이 있는가?
당신은 단지 일하는 것 이상을 하는가? 당신은 게임을 하는가?

팀으로서 지쳤는가?
휴식 시간인가? 팀원들이 일에 피로를 느낄 만큼 팀을 무리하게 압박하지 말라.

꼭 기억할 것!

팀을 세우기 위해서 이 단원으로 자주 돌아와 다음과 같은 질문들을 던져라.

- 팀에 영감을 주는 꿈은 무엇인가?
- 실제적인 종합 계획은 무엇인가?
- 개인적으로 또 팀으로 필요한 훈련과 도구는 무엇인가?
- 팀을 한 방향으로 유지하기 위해 필요한 의사 소통 체계는 무엇인가?
- 팀의 정신이나 팀의 자세가 있는가?
- 팀의 원칙이 있는가?
- 우리의 장점은 상호 보충적인가?
- 우리에게는 유용한 최고의 사람이 있는가?
- 마지막 결론을 책임질 수 있는 '책임자'가 있는가?
- 우리를 객관적으로 생각하게 하고, 우리 일을 객관적으로 볼 수 있도록 도와 주는 사람은 누구인가?
- 팀으로 일한 경험이 있는가?
- 팀으로서 지쳤는가?

올바른 질문을 아는 것은 팀으로 일하는 기술을 강화시켜 주고 자신감이 넘치는 리더십을 향상시킨다.

CONCLUSION

결론

2025년이나 2050년쯤에 당신의 자녀와 손자 손녀들이 리더십에 관한 여러 가지 도전과 문제에 직면하게 될 때, 나는 당신이 이 책을 추천해 주기를 바란다. 이 책에서 말하는 원칙은 시간의 제약을 받지 않는다고 나는 믿는다. 각 장에 나오는 질문은 지금 당신에게 도움을 준 것처럼 다음 세대들에게도 도움을 줄 것이다.

직원 교육의 자료로 이 책을 사용하라. 각 장을 읽고 서로 함께 토론하라. 팀 작업과 공동체를 이끄는 리더십 기술을 날카롭게 하기 위해 이 책을 사용하라.

이어지는 부분은 각 장에 나온 모든 질문을 한눈에 알아보도록 편집했다. 당신이 삼십여 가지의 영역에서 도움을 받기 원할 때 즉각적으로 참고하기 위해서 이 질문들을 휴대하고 클립으로 묶고 복사해 두는 것이 도움이 될 것이다.

마지막으로 리더십은 다음과 같다는 것을 항상 기억하라.

리더십이란?

- 다음에 **무엇을** 해야 하는가를 아는 것이다.
- 그것이 **왜** 중요한지 이유를 아는 것이다.
- 필요한 경우에 관계있는 적절한 자료를 **어떻게** 빠른 시간 안에 가져올 있는지를 아는 것이다.

**30일 만에 배우는
자신감 넘치는 리더십**

리더여!
코끼리 말뚝을
뽑아라

1. 질문하기

- 무엇을? 왜? 언제? 누가? 어떻게? 어디에서? 얼마나 많이?
- 무엇과 비교되는가?
- 잃어버린 것은 무엇인가?
- 이 상황에서 무엇이 이상적인가?
- 가까운 다섯 친구의 충고는 무엇인가?
- 미련이 남아 있는 질문은 무엇인가?

2. 매력

내적인 모습
- 긍정적인가?
- 자기 중심적인가 아니면 타인 중심적인가?
- 사람들을 진심으로 사랑하는가?
- 사람들을 격려하는가?
- 사람들에게 바르게 질문하는가?

외적인 모습
- 매력적인 사람들에게 무엇을 배울 수 있는가?
- 나의 외모 또는 이미지는 직위와 어울리는가?
- 매력적으로 보일 만큼 충분한 에너지를 가지고 있는가?

당신의 꿈
- 미래에 초점을 맞추는가?
- 일생동안 아주 많이 투자해야 할 것 중의 하나가 개인적인 외모라고 생각하는가?

3. 균형
- 균형이 무너진 특정한 분야를 분명하게 규정할 수 있는가?
- 삶의 일곱 분야 가운데 어떤 특정 영역에 지나치게 많은 시간과 에너지, 돈을 사용하고 있지는 않은가?
- 어떤 영역을 거부하고 있지는 않은가?
- 어떤 영역이 가장 스트레스를 주는가? 왜 그런가?
- 지금 느끼는 불균형을 바로잡기 위하여 내가 취할 수 있는 세 가지는 무엇인가?
- 불균형한 삶을 계속해서 살아갈 때 일어나게 될 내가 원하지 않는 결과는 무엇인가?
- 균형 있는 삶을 유지하기 위해 대가를 치를 준비가 되어 있는가?
- 내 삶의 중요한 에너지를 무엇에(누구에게) 쏟고 있는가?
- 삶의 균형을 다시 찾게 된다면 누가(무엇이) 가장 이익을 보게 될 것인가? 그리고 누가(무엇이) 가장 손해를 보게 될 것인가?
- 누가 내 삶의 균형 감각을 회복하는 일을 도울 수 있는가?

4. 변화
- 변화의 상황은 무엇인가?
- 절대로 변하지 않는 것은 무엇인가?
- 변화의 이론적 관점과 심리학적인 관점은 무엇인가?

- 변화가 가져다 줄 이익은 무엇인가?
- 내가 시도하는 변화는 아주 크고 매우 빠른 것인가?
- 이 변화는 일시적인 것인가? 아니면 영구적인 것인가?
- 변화를 향한 나의 태도는 옳은가? 나는 그 변화를 바르게 인식하고 있는가?
- 이 변화의 부정적인 관점들은 창조적인 문제 해결을 위해 무엇을 필요로 하는가?

5. 의사 소통

- 나의 청중은 누구인가?
- 청중에게 전달하고 싶은 것을 글로 기록한다면, 전달하려고 하는 것 가운데 가장 좋은 반응을 얻고 싶은 것은 무엇인가? 그 연설에서 당신은 무엇을 말하고 싶은가?
- 청중이 나의 말을 받아들이도록 가장 크게 영향을 끼친 부분은 무엇인가?
- 청중이 나의 말을 받아들이지 않도록 가장 크게 영향을 끼친 부분은 무엇인가?
- 청중이 저항할 만한 것을 다섯 가지 정도 예측한다면 그것은 무엇인가?
- 나의 견해 가운데 청중이 오해를 할 것 같은 세 가지는 무엇인가?
- 관련된 사실은 무엇인가? 그 사실이 주는 유익은 무엇인가?
- 청중은 왜 이 메시지를 들어야 하는가?
- 다른 사람이 이러한 메시지를 전한다면 당신은 그의 생각에 동의할 수 있는가? 왜 그런가? 아니라면 왜 그렇지 않은가?
- 나는 다른 사람이 거부할 수 없는 메시지를 만드는가? 가장 중요한 가치와 대가는 무엇인가?
- 나의 메시지의 정확성과 가치와 독특성을 어떻게 시각화(언어로 표현된 그림)할 수 있을까?

6. 자신감

- 염려스러운 상황이나 자신감이 부족한 상황에서 나는 너무나 자기 중심적인 사람은 아닌가?
- 이 상황에서 실제로 일어날 수 있는 가장 나쁜 일은 무엇인가?
- 이 상황에서 도움을 받기 위해 누구를 부를 수 있을까?
- 나의 이 상황과, 삶에서의 성공과 실패에 개의치 않고 나를 사랑해 줄 수 있는 친구는 누구인가?
- 어떤 분야에서 나는 전문가의 기질을 느끼는가?
- 어떠한 분야가 나의 기본적인 강점이며 은사며 재능인가?
- 무엇이 가장 큰 장점인가?
- 나 자신에 대해 가장 좋다고 느낄 때 무엇을 할 것인가?
- 개인적인 성장에서 삶의 어떤 부분에 흥미를 느끼고 있는가?
- 내 삶의 초점은 무엇인가?

7. 창조성

- 나는 창조적이기 위한 태도를 갖추고 있는가?
- 내가 창조성을 적용하기를 원하는 분야에서 필요한 것은 무엇이며 문제가 되는 것은 무엇인가?
- 이러한 요구의 근원적인 해결을 찾기 위해 처음부터 시작해야 하는가? 아니면 내가 따라야 할 본보기나 모델이 있는가?
- 나의 관점을 어떻게 확장할 수 있을까?
- 이러한 문제와 요구에 실제로 많은 시간을 사용할 가치가 있는가?
- 문제나 필요에 대해 어떻게 느끼는가?
- 이 문제를 이미 해결한 사람은 누구인가?
- 이 문제를 창조적으로 해결하는 데 도움을 줄 수 있는 사람은 누구인가?
- 이것을 해결하면 정말로 '큰 승리자'가 될 수 있는가?

8. 의사 결정

- 이 상황에서 가장 관련이 깊고 검증된 다섯에서 열 가지의 사실은 무엇인가? 이 상황에서 내가 세울 수 있는 가장 근본적인 가정은 무엇인가?
- 이 결정은 관련된 사람들에게 어떤 영향을 끼칠까?
- 이 결정의 장기적인 효과는 무엇인가?
- 이 결정에는 어떠한 합법적·도덕적·윤리적 문제들이 포함되어 있는가?
- 이 결정에 포함된 기본적인 문제들을 기록하였는가?
- 이 결정과 관련하여 생각을 넓히는 질문은 무엇인가?
- 이 결정과 관련된 경향은 어떤 것인가?
- 미련이 남아 있는 다른 질문이 있는가?

9. 위임

- 나는 왜 좌절하는가?
- 오늘 나를 무겁게 한 특별한 것이 있는가?
- 누군가에게 화가 나 있는가?
- 정신적으로나 신체적으로 피곤해 있는가?
- 너무나 많은 변화를 **빠른** 시간에 경험했는가?
- 나의 상황을 장기적인 관점에서 보는가?
- 미래에 대한 분명하고 의미 있는 목표가 있는가?
- 과거의 어떤 사건들이 지금의 나에게 힘이 되는가?
- 지금 나를 격려해 달라고 어떤 친구에게 전화를 걸 수 있을까?
- 비록 작은 일이라고 해도 지금 내가 할 수 있는 긍정적이고 특별한 일은 무엇인가?
- 모든 상황에서 잠시 떠나는 것이 필요한가?
- 지금 나는 어떤 사람에게 의미 있는 선물을 줄 수 있을까?

10. 좌절감

- 나는 왜 좌절하는가?
- 오늘 나를 무겁게 한 특별한 것이 있는가?
- 누군가에게 화가 나 있는가?
- 정신적으로나 신체적으로 피곤해 있는가?
- 너무나 많은 변화를 빠른 시간에 경험했는가?
- 나의 상황을 장기적인 관점에서 보는가?
- 미래에 대한 분명하고 의미 있는 목표가 있는가?
- 과거의 어떤 사건들이 지금의 나에게 힘이 되는가?
- 지금 나를 격려해 달라고 어떤 친구에게 전화를 걸 수 있을까?
- 비록 작은 일이라고 해도 지금 내가 할 수 있는 긍정적이고 특별한 일은 무엇인가?
- 모든 상황에서 잠시 떠나는 것이 필요한가?
- 지금 나는 어떤 사람에게 의미 있는 선물을 줄 수 있을까?

11. 훈련

- 미래를 이끌어 가는 명확한 목표가 있는가?
- 목표 달성에 대한 이유를 진정으로 이해하고 있는가? 내게 영감을 주기 위해 그 이유를 가까이 두고 있는가?
- 나는 개인적으로 성장하고 있는가?
- 내 삶의 어떤 부분이 훈련되지 못했는가? 왜 그런가?
- 내 삶의 특정 부분이 훈련되지 못했다면, 그 부분을 발전시키지 못하거나 회복하지 못했을 경우에 일어날 수 있는 가능성 있는 결과는 무엇인가?
- 알아주는 사람이 없어도 계속 훈련할 수 있는가?
- 어떻게 하면 목표를 달성할 수 있도록 한 단계씩 훈련에 접근해 갈 수 있을까?
- 상호 격려를 위해 나와 한 팀이 될 수 있는 사람은 누구인가?

12. 희망

- 오늘 하다가 죽어도 좋을 만한 목표나 주장이나 꿈이 있는가?
- 지금 가장 강력하게 필요한 것은 무엇인가?
- 꿈을 이루기 위해 어떤 일을 준비했으며 지금 어떤 지위에 있는가?
- 꿈을 실현하는 데 장기간 관련된 것은 무엇인가?
- 계획한 것보다 100배 더 성공한다면 어떻게 할 것인가?
- 자신에게 생각을 넓히는 질문을 했는가?
- 다른 사람의 객관적인 관점이 내가 잃어버린 가능성을 보도록 도와 줄 수 있는가?
- 과거의 성공 모델들은 지금의 나에게 무엇을 말해 줄 수 있는가?

13. 실패

- 나의 실패는 다른 사람 때문인가? 상황 때문인가? 아니면 나 자신 때문인가?
- 실제로 실패했는가? 아니면 비현실적으로 세운 높은 기준에 못 미친 것인가?
- 실패와 마찬가지로 어디에서 성공했는가?
- 내가 배운 교훈은 무엇인가?
- 이러한 경험을 감사하는가?
- 어떻게 실패를 성공으로 바꿀까?
- 이제 여기에서 어디로 가야 할까?
- 전에 이 길에서 실패한 사람은 누구인가? 그 사람은 어떻게 나를 도울 수 있을까?
- 내 경험으로 다른 사람이 실패하지 않도록 어떻게 도울 수 있을까?

14. 피로

- 어떻게 하면 과외로 열 시간 정도 잠을 잘 수 있는 시간을 낼 수 있을까?
- 무엇이 어깨를 무겁게 짓누르는가?
- 분명하고, 의미 있고, 달성 가능성이 있는 목표가 있는가?
- 삶에서 나의 초점은 능률 또는 효율에 있는가?
- 내 몸의 건강 상태는 좋은가?
- '자연적' 에너지로 사는가? '강요된' 에너지로 사는가?
- 개인적으로 성장하고 있다는 것을 느끼는가?
- 어떻게 하면 한 단계씩 장래 일에 접근할 수 있는가?
- 다른 사람에게 어떤 책임을 위임할 수 있는가?
- 생각을 넓히는 질문으로 자신에게 물어 볼 수 있는가?

15. 해고

- 이 사람은 자신의 역할과 목표와 책임, 직책에 대해 분명하게 이해하고 있는가?
- 이 사람은 왜 적절하게 행동하지 않는가?
- 이 사람을 그 직책에 그대로 머물게 할 경우에 어떠한 유익이 있는가?
- 이 사람이 직책에 머물러 있을 때 수반되는 어려움은 무엇인가?
- 이 사람이 떠나거나 머물게 됨으로써 어떠한 심리적인 움직임이 있는가?
- 이 사람을 다른 직책으로 옮길 수 있는가? 그렇게 된다면 수반되는 유익은 무엇이며 어려움은 무엇인가?
- 나는 이 사람에 대해 어떻게 느끼는가? 다른 부서의 사람들은 어떻게 느끼는가?
- 내가 이 사람의 성공을 도울 수 있는가?
- 그가 떠날 것인지 또는 남을 것인지를 알기 전에 답변해야 할 더 많은 질문은 무엇인가?

- 이 사람은 어떤 인정을 받는가?

16. 목표 설정

- 모임에 내가 깊게 관심을 가지려면 무엇이 필요한가?
- 나의 삶의 초점은 무엇인가?
- 왜 내가 여기 있는가(내 삶의 목적purpose은 무엇인가)?
- 앞으로 5~10년 동안 에너지를 집중해서 쏟아야 할 3~7가지 영역은 무엇인가(나의 목적objectives은 무엇인가)?
- 각 목적의 영역에서 올해에 해야 할 구체적이면서 뚜렷한 세 가지는 무엇인가(나의 목표goals들은 무엇인가)?
- 왜 이러한 목적이나 목표를 성취하고 싶어하는가?
- 목표에 도달하지 못한다면 무슨 일이 일어날 것인가?
- 현실적으로 좀더 성취 가능한 목표를 세워야 하지 않을까?
- 목표를 달성하는 데 누가 나를 도울 수 있을까?
- 각각의 목표에 도달할 때 나 자신에게 어떻게 보상할 것인가?

17. 영향력

- 가까운 미래에 다른 사람에 의해 결정될 가장 중요한 세 가지는 무엇인가?
- 왜 이처럼 특별한 결정을 내리는 일에 영향을 주기를 원하는가?
- 실제로 누가 이러한 결정을 내리는가? 나는 그 결정에 어떻게 영향을 줄 수 있는가?
- 사람들의 최고 관심거리에 참여할 수 있는가? 어떻게 하면 그러한 참여를 할 수 있는가?
- 이러한 결정을 하기 전에 그들이 알아야 할 사실은 무엇인가?
- 주어진 과제를 다했는가?
- 이러한 결정에서 고려해야 할 '가치/가격'은 무엇인가?
- 그 밖에 이러한 결정에 누가 영향을 주길 원하는가?
- 어떻게 하면 영향을 주기 위하여 현명하게 돈을 투자할 것인가?
- 이 결정은 관련된 사람들에게 어떠한 영향을 주는가?

18. 종합 계획

- 우리가 섬길 사람들은 누구며 우리 모임에 필요한 것은 무엇인가(시장)?
- 목표를 성취하기 위해 맨 위에 바른 사람들이 있는가(리더십)?
- 성공하기 위해 누구의 조언이 필요한가(상담)?
- 단기·중기·장기 간의 시간적 범위 내에서 정확하게 무엇을 할 것인가(방향)?
- 어떠한 일에 대하여 누가 책임을 질 것인가? 사람에 대하여 누가 책임을 질 것인가(조직)?
- 기대하고 있는 비용과 수입은 무엇인가(현금)?
- 바른 위치에 있는가(보고)?
- 어떻게 하면 효과적으로 알 수 있는가(의사 소통)?
- 자신에게 기대하고 요구하는 것의 특징을 알고 있는가(평가)?
- 어떻게 하면 이 계획이나 서비스에 대한 비판적인 측면에서도 계속적으로 개선해 나갈 수 있는가(진보)?

19. 돈

- 적절한 수입이 발생하고 있는가?
- 지출을 조절해서 예비된 돈이 있는가?
- 세금을 계산하는가?
- 앞날을 위하여 재정적 측면에서 그래프와 도표를 이용한 실제로 볼 수 있는 그림이 있는가?

재정적인 결정이 당신을 짓누를 때 물어 보라.
- 누구에게 자문을 받아야 하는가?
- 이 결정을 내리기 위해 좀더 객관적일 때까지 기다려야 하는가?
- 돈을 모두 잃었을 때도 나의 삶이 가능한가?
- 이 결정을 한 이유는 정확하게 무엇인가?
- 지금이 이와 같은 재정적인 단계를 취해야 할 바른 기회인가?

20. 자신에게 동기를 부여함

- 분명하고 의미 있고 성취 가능한 목표가 있는가?
- 이 일을 왜 하려고 하는가?
- 개인적으로 성장하고 싶은 분야가 있는가?
- 지쳐 있지 않은가?
- 동기를 상실하게 하는 것들을 제거할 수 있는가?
- 삶의 초점이 주는 것인가 아니면 얻는 것인가?
- 올해 가장 원하는 일을 하기 위해 필요한 것은 무엇인가?
- 가야 할 방향을 보는가?
- 정말로 달라지고 싶은 분야는 무엇인가?

21. 타인에게 동기를 부여함

- 그의 세 가지 장점은 무엇인가?
- 그가 단기간에 해야 할 세 가지 중요한 결정은 무엇인가?
- 그가 다음 달에 달성해야 할 중요한 목표 세 가지는 무엇인가?
- 그가 다음 2년 동안 해야 할 중요한 목표 세 가지는 무엇인가?
- 그가 직면한 세 가지 장애물은 무엇인가?
- 그가 상황을 극복할 수 있는 세 가지 자원은 무엇인가?
- 그가 두려워하는 것은 무엇인가?
- 그의 꿈은 무엇인가?
- 그의 좀더 주요한 자원들에 어떻게 접근할 수 있는가?
- 개인적으로 그를 어떻게 도울 수 있는가?

22. 사람 세우기

- 조건 없이 사랑하는 방법을 아는가?
- 다음의 다섯 가지 사항을 진정으로 믿는가?
    - 실패하기를 바라는 사람은 아무도 없다.
    - 사람들은 자신에게 의미 있는 일을 한다.
    - 게을러 보이는 사람들이 실제로는 게으르지 않다(게으른 사람

에게 알맞은 동기 부여가 있다).
- 모든 사람은 개인적으로 성장하기를 원한다.
- 모든 사람은 다른 사람과 차이를 낼 수 있다.
- 사람을 격려하고, 고마워하고, 확신을 주며, 인정해 주는가?
- 정말로 사람을 세우는가? 아니면 단지 나 자신의 꿈을 세우고 그 꿈을 실현하기 위해 사람을 이용하는가?
- 나는 사람과 맞서야 할 때 충분히 맞설 수 있는가?
- 나는 귀가 아니라 마음으로 듣는가? 사람들이 말하는 언어 이상으로 듣는가?
- 직원의 모난 면을 둥글게 하는가?
- 직원의 가장 큰 장점을 돕고 있는가?
- 직원 각자에게 있는 장기간의 좋은 잠재력을 이해하는가?
- 직원들은 내가 그들의 개인적인 잠재력이 최고에 도달하기를 원한다는 것을 알고 있는가?
- 향후 5년 동안 직원 각자가 맡고 싶은 직책이 무엇인지 알고 있는가? 나는 직원 각자가 그렇게 할 수 있도록 도울 수 있는가?

23. 개인의 조직화

- 해야 할 일에 대한 목록이 있는가?
- 해야 할 일에 대한 계획서가 있는가?
- 쉽게 찾을 수 있는 주소록과 전화번호부가 있는가?
- 일들이 서류에 잘 정리되어 있는가?
- '긍정적인 과업 수행의 목록'이 있는가?
- 개인의 조직화를 위한 시간을 규칙적으로 만들고 있는가? 나 자신과의 이러한 약속을 잘 지키는가?
- 일을 효과적으로 하도록 돕는 세 가지 도구는 무엇인가?
- '미래 파일'이 있는가?

24. 압박

- 오늘 어깨를 무겁게 누르는 특별한 것은 무엇인가?
- 오늘 가장 압박이 되는 세 가지 결정은 무엇인가?
- 적당한 휴식을 취하는가?
- 지나칠 정도로 전념했는데, 어떻게 그런 일이 일어났는가?
- 자신을 위해 비현실적으로 높은 목표를 가졌는가?
- 완벽해지려고 하는가?
- 압박을 완화하는 데 도움을 줄 수 있는 사람은 누구인가?
- 돈이 압박을 완화하는 데 도움이 되는가?

25. 우선순위

- 올해에 단지 세 가지의 측정 가능한 목표를 성취한다면 그것들은 무엇인가?
- 석 달 안에 성취하고 싶은 상위 여섯 가지는 무엇인가?
- 오늘 할 수 있는 세 가지를 선택한다면 그것들은 무엇인가?
- 7일 안에 달성해야 하는 것은 무엇인가? 어떻게 그것들의 중요성을 평가할 수 있는가?
- 정말로 해야 할 일의 목록은 무엇인가? 하려고 하지만 할 수 없는 것의 목록은 무엇인가?
- 목록 중에서 위임할 수 있는 것은 무엇인가?
- 목록 중에서 연기할 수 있는 것은 무엇인가?
- 목록 중에서 확실히 하지 말아야 할 것은 무엇인가?
- 우선순위에 관하여 객관적으로 보도록 도와 줄 수 있는 친구가 필요한가?

26. 문제 해결

- 오늘 직면한 문제에 어떻게 우선순위를 정하는가?
- 한마디로 말하면 문제가 무엇인가?
- 이 문제를 해결하기 위한 나의 능력에 개인적 균형이나 불균형이 어떻게 영향을 주는가?
- 이 문제와 관계된 사실은 무엇인가?
- 왜 문제가 존재하는가?
- 이 문제에 영향을 줄 수 있는 가장 커다란 자원 세 가지는 무엇인가?
- 이 문제를 해결할 수 있도록 도울 수 있는 사람은 누구인가?
- 이 문제를 해결하기 위해 필요한 시간을 사용할 수 있는가?
- 이 문제에 대한 잠재적인 해결책 가운데 최고의 것은 무엇인가? 어떠한 것이 가장 안전한가?
- 이 문제가 재발하지 않기 위한 정책은 무엇인가?

27. 사원 모집

- 정확히 해결해야 하는 일이 무엇인가?
- 이 직책에 얼마를 지불할 수 있고, 하려고 하는가?
- 올바르게 작성된 참고 자료를 검토했는가?
- 그에게 테스트나 인사 기록이 필요한가?
- 내가 사랑하는 사람들이 그를 위해서 일하기를 원하는가? 그 이유는? 그렇지 않은 이유는?
- 그에 관하여 미련이 남아 있는 질문은 무엇인가?
- 그가 일을 할 수 있다는 확신이 든다면, 왜 그렇게 느끼는가?
- 채용하는 이유가 그의 분명한 장점 때문인가? 아니면 특별한 단점이 없기 때문인가?
- 채용 결정을 내리기 전에 질문해야 할 다른 것은 없는가?
- 채용 결정이 내려진 후 기록한 사항에 틀린 곳이 있는지 확인할 시간이 있는가?

28. 보고

직원을 위한 질문
- 직원에게 필요한 '결정'은 무엇인가?
- 직원이 직면한 '문제' 중에 내가 도와줄 수 있는 것은 무엇인가?
- 우리가 토론하지 못한 것을 직원들이 '계획' 하고 있는 것은 무엇인가?
- 직원이 만들어 낸 '진보'는 무엇인가?
- '개인적으로' 어떻게 지내는가?

당신을 위한 질문
- 직원 각자가 1년 동안 성취해야 할 세 가지 목표에 대하여 분명히 이해하고 있는가?
- 직원에게서 필요한 보고를 얼마나 자주 받는가?
- 직원에게 정기적으로 필요한 그래프나 도표와 같은 시청각적인 자료는 무엇인가?
- 상사나 위원회에 보고할 필요한 정보를 직원에게서 얻는 것은 어떤 것인가?

29. 위험 감수

- 일어날 수 있는 가장 나쁜 일은 무엇인가?
- 일어날 수 있는 가장 좋은 일은 무엇인가?
- 위험을 감수할 가치가 있는가?
- 적절한 상담을 구했는가?
- 상황의 과정과 내용을 완벽하게 이해하고 있는가?
- '생각을 넓히는 질문'을 던지고 있는가?
- 위험에 대하여 명확한 기준을 세워두었는가?
- 위험이 존재하는 상황에서 위험을 최소화하기 위해 계획서나 다음 단계를 어떻게 검토할 것인가?
- 일정 수준을 넘을 것인가, 넘지 않을 것인가에 관한 시금석을 세

우고 있는가?
- 어떤 상황에서 내가 행동하지 않아서 감수해야 할 위험은 무엇인가?
- 위험에 관한 나의 가정을 검토할 수 있는 조사는 어떤 것이 있는가?
- 위험에 관한 기본 생각에 팀원과 내가 동의하고 있는가?

30. 팀 세우기

- 팀에 영감을 주는 꿈은 무엇인가?
- 실제적인 종합 계획은 무엇인가?
- 개인적으로 또 팀으로 필요한 훈련과 도구는 무엇인가?
- 팀을 한 방향으로 유지하기 위해 필요한 의사 소통 체계는 무엇인가?
- 팀의 정신이나 팀의 자세가 있는가?
- 팀의 원칙이 있는가?
- 우리의 장점은 상호 보충적인가?
- 우리에게는 유용한 최고의 사람이 있는가?
- 마지막 결론을 책임질 수 있는 '책임자'가 있는가?
- 우리를 객관적으로 생각하게 하고, 우리 일을 객관적으로 볼 수 있도록 도와 주는 사람은 누구인가?
- 팀으로 일한 경험이 있는가?
- 팀으로서 지쳤는가?

0/0 소방사 ⑤